MARIE HOLM

Pudding

Edler Genuss aus besten Zutaten

AUS DEM DÄNISCHEN VON
RICARDA ESSRICH

Jan Thorbecke Verlag

INHALT

BRINGT DEN PUDDING WIEDER AUF DEN TISCH!

Ausgerechnet in einem Museum habe ich zum ersten Mal einen selbst gemachten Pudding gegessen. 2009 besuchte ich das Freilichtmuseum in Lyngby, und in der Küche des kleinen Gutshofes Østergaard stand eine Küchenmagd mit steifer Schürze und kochte Pudding, wie man es auf dem Land vor gut 100 Jahren getan hat. Schon nach dem ersten wabbeligen Bissen war ich verloren!

Natürlich habe ich in meiner Kindheit Pudding gegessen, allerdings handelte es sich damals um Dr. Oetkers gelbe Pulvervariante, die ich mit großem Genuss gegessen habe, genauso wie die Puddings in Plastikbechern aus den deutschen Supermärkten, in denen wir uns auf dem Weg in den Sommerurlaub im Süden mit Proviant versorgt haben. Wahrscheinlich war es also Schicksal, dass ich mich als Erwachsene mächtig verlieben würde – zunächst in den Pudding, dann in die Idee, dieses feine klassische Dessert wieder auf den Tisch zu bringen.

Doch zurück zur „Pudding-Entjungferung". Als ich nach Hause kam, wusste ich sofort, dass ich versuchen wollte, das Können dieser Küchenmagd zu imitieren. Also begann ich, in alten Büchern und Zeitschriften nach Puddings zu suchen und eigene Rezepte zu kreieren. Nostalgie und frühe Erinnerungen beeinflussen Geschmacksvorlieben wohl am stärksten. Mein erster Gehversuch in der Puddingkunst sollte also den Pudding meiner Kindheit reproduzieren, der sich im Mund genauso anfühlte wie der von Dr. Oetker und diesen so charakteristischen Geschmack von Mandelaroma hatte. Es wurde ein voller Erfolg. Den Pudding bereitete ich in meinem Sommerhaus zu, einer Zigarrenschachtel aus dem Jahr 1962, der perfekten Kulisse für meine erste Annäherung an das Old-School-Dessert. Es war nur konsequent, den gelben Pudding auf Sechzigerjahre-Keramik mit großen Blumen-Motiven zu servieren und meiner Familie anzubieten, die in diesem kleinen, dunklen Holzhaus auf FDB-Stühlen saß, während von einer Illustration der

Zeichnerin Christel ein leichtbekleidetes Pin-up auf uns herabsah.

Zu meinem Kunstwerk servierte ich Brombeersauce, und wir verzehrten das Dessert in gelöster Stimmung. Angesichts des wackeligen Puddings konnten wir nicht umhin zu kichern und uns vielsagende Blicke zuzuwerfen. KEIN Mensch kann einen Pudding in Bewegung sehen, ohne auch nur den kleinsten unartigen Gedanken zu haben! Mich traf dieser Gedanke jedoch zum ersten Mal. In der Küche im Freilichtmuseum hatten die Puddings wie Skulpturen gewirkt. Erstarrter Ausdruck einer verlorenen Zeit, anmutiger Abguss, der genauso stillstand wie die Zeit auf Østergaard. Der Pudding in meinem Sommerhaus wabbelte und zitterte lustig vor sich hin, er wurde von uns zum Leben erweckt, unsere Hände konnten es nicht lassen, den Teller immer wieder anzustoßen. Gleichzeitig bewirkten die physischen Rahmenbedingungen, dass wir uns unserem frechen „Retro-Dessert“ gegenüber ironisch distanziert verhielten. Hätte ich zu diesem Zeitpunkt Instagram gekannt, hätte ich wahrscheinlich sofort diese Hashtags verwendet: „Esse Pudding in der Zigarrenschachtel, #eatme #jigglewiggle #hausfrauenporno #retrodessert.“ Der Pudding war in mehr als nur einer Hinsicht fantastisch: Er schmeckte nach Vanillecreme, und als ich einen Löffel voll mit der Zunge am Gaumen zerdrückte, gab es dieses genau richtige Gefühl, an das ich mich aus meiner Kindheit erinnere. Doch ein wenig wirkte der Pudding auch wie ein Requisit in meinem privaten Sechzigerjahre-Theater, ein Gegenstand, der sich zwischen all dem Sommerhauskitsch und den Flohmarktfunden ausnehmend gut machte.

Zu Hause in Nørrebro schrieb ich das Rezept nieder: Mandelpudding mit Amaretto. Ich bereitete ihn zum Geburtstag meiner Freundin zu, garnierte ihn mit einer Maraschino-Kirsche. Dadurch wurde er nicht gerade weniger anrüchig, was uns erneut grinsen ließ. Die polnische Sechzigerjahre-Keramik wurde durch ein strenges schwarz-weißes Design-Letters-Geschirr ersetzt. Das machte es etwas leichter, die Fassung wiederzuerlangen. Ich war verliebt in Pudding, und zwar auf diese unschuldige, alberne Art, bei der die Ironie wie eine schützende Haut gegen eine alles verzehrende Hingabe wirkt.

Doch ich sollte mich noch voll und ganz hingeben. Da ich kurz darauf ein Buch mit Essays über Essen schreiben sollte, wusste ich sofort, dass auch ein Pudding-Kapitel enthalten sein müsste. Denn ich fragte mich: Warum war der Pudding so in Vergessenheit geraten, dass ich erst in ein Museum gehen musste, um ihn kennenlernen zu dürfen? Und warum hatte er noch keine Renaissance erlebt, wo doch gerade viele klassische Desserts erneut zum Leben erweckt wurden, andere sogar nie von der Bildfläche verschwunden waren? Zitronen- und Sauermilchkaltspeisen haben ihren fluffigen Siegeszug in Restaurants und privaten Küchen gehabt, und erstere haben die Arena tatsächlich nie wirklich verlassen. In meinem Pudding-Essay stellte ich die Frage: „Ist der Pudding mit seinen geschwungenen, ikonischen Formen einfach nur *Bad Taste*? Etwas Künstliches? Die Antwort der Desserts auf Silikonbrüste?"

Meine Theorie war und ist, dass der Pudding durch Dr. Oetkers Pulver ein künstliches Image bekommen hat, das in unserer heutigen Kultur des Einfachen, Reinen und Natürlichen den Pudding verdrängt hat. Wenn wir auswärts essen oder Desserts in den sozialen Medien sehen, begegnen uns stilvolle, beinahe nackte Teller-Setups und Desserts in organischen Formen, garniert mit wilden Kräutern und Blüten. Doch ist ein opulenter und kunstvoll geformter Pudding mit einer leuchtenden Cocktailkirsche garniert nicht viel grandioser?!

Als ich einige Monate später in einem Kaufhaus stand, vier wunderhübsche Puddings vor mir aufgereiht, und Kostproben verteilte, kam ein netter Mann zu mir und fragte: „Sind die echt?" In diesem Moment fand ich auf die Frage, die ich in meinem Essay gestellt hatte, eine Antwort: Puddings WIRKEN künstlich (der arme Mann wusste nichts von meinem ironischen Vergleich mit Silikonbrüsten und musste sich über mein unterdrücktes Kichern gewundert haben, als ich ihm versicherte, dass *hier* wirklich alles echt war!). Ich musste schmunzeln und mir kam der Gedanke, dass man den Pudding von seinem künstlichen, kitschigen Image befreien müsse. Und damit auch von seinem angestaubten, steifen, museumsartigen Ruf. Denn selbst wenn der Pudding all diese Bedeutungen in sich vereint, so ist er doch viel mehr: Er ist auch echt, natürlich, authentisch, lebendig, nostalgisch, klassisch – und damit in der heutigen Zeit modern.

Ein selbst gemachter Pudding, das sind reine, leckere Zutaten, mit etwas Zeit am Herd zusammengerührt, und einige Stunden ungeduldigen Wartens, während er im Kühlschrank fest wird. Längst vergessene Küchenkenntnisse und – je nachdem, wie alt Sie sind – die Kochkünste Ihrer Mutter, Großmutter oder Urgroßmutter vereint in einem wackeligen Dessert. Darum hat der Pudding das Potenzial, wieder modern zu werden, genau wie andere klassische Desserts vor ihm, wenn wir uns nur entschließen, ein neues Bild zu kreieren, eines, das er verdient hat und das nicht nur durch eine Dr.-Oetker-Tüte geprägt wurde.

Es ist doch absurd, dass ein Dessertliebhaber wie ich ins Museum gehen muss, um einen selbst gemachten Pudding genießen zu dürfen. Leider aber ist das Realität. Vor nicht allzu langer Zeit wurde ich gebeten, im Rahmen eines jährlich stattfindenden Schokoladenfestivals einen kleinen Vortrag über Schokoladenpudding zu halten. Ich fragte die Zuhörer, wie viele von ihnen bereits vorher Pudding probiert hatten. Das hatten die meisten der fast 50 Anwesenden. Aber als ich danach fragte, wie viele von ihnen einen *selbst gemachten* Pudding probiert hatten, hob nur ein einziger Teilnehmer seine Hand ... Kurz danach begann ich, die Rezepte für dieses Buch zu entwickeln. Ich setzte mir zum Ziel, den Pudding zurück auf den Tisch zu bringen. Denn je mehr ich den Pudding und sein ganzes Wesen kennenlernte, umso trauriger war ich, dass andere nicht die Möglichkeit hatten zu erleben, was für ein fantastisches Dessert er ist. Als wäre man frisch verliebt und hätte einfach Lust, es von den Dächern zu rufen: Das hier ist etwas ganz Wunderbares, und ich wünschte, Ihr könntet es auch sehen!

Also, liebe Leser, Sie und ich haben eine Aufgabe: Lassen Sie uns zusammen eine wackelige Bewegung schaffen und den Pudding zurück auf den Tisch bringen! Und lassen Sie uns dort beginnen, wo es am schönsten ist: zu Hause in unseren eigenen Küchen.

Viel Vergnügen beim Lesen und Pudding forever!

Marie

DER PUDDING, DER VERSCHWAND

Die Puddings, die ich zubereite und liebe und die Sie in diesem Buch kennenlernen werden, sind sahnebasierte, wackelige Dessertpuddings, die im Küchenfranzösisch unter der Bezeichnung *Crèmes bavaroises* laufen. Oder auf gut Deutsch: bayerische Cremes. Sie bestehen aus einer legierten Creme aus Milch, Sahne, Zucker und Eigelb, einer *Crème anglaise*, die mit Früchten, Gewürzen, Alkohol, Schokolade, Saft, Tee oder Blüten aromatisiert und durch Gelatine gefestigt wird, bevor zum Schluss die Schlagsahne für ein wenig mehr Luftigkeit sorgt.

Es ist die Art von Pudding, die schriftlich erstmals Anfang des 19. Jahrhunderts durch den Vater der französischen Haute Cuisine, Marie-Antoine Carême, erwähnt wurde. In Dänemark nahm die berühmte Kochbuchautorin Madame Mangor u. a. Vanillepudding und Marmorpudding (mit Weißwein und Madeira) in ihr „Kochbuch für kleine Haushalte" aus dem Jahr 1837 auf, und das in Form gegossene und vornehme Dessert war im dänischen Bürgertum in der letzten Hälfte des 19. Jahrhunderts in Mode. Der Pudding wurde aus teuren Zutaten wie Vanille, Rum, getrockneten Früchten und Sahne zubereitet, die nicht immer leicht zu bekommen waren. Als Sahne gegen Ende des 19. Jahrhunderts leichter zu beziehen war, wurde der Pudding Teil des Dessertrepertoires der breiten Bevölkerung.

Schon Ende der Neunzigerjahre des 19. Jahrhunderts begann Dr. Oetker in Deutschland, Puddingpulver zu produzieren, doch erst nach dem Zweiten Weltkrieg kamen die Päckchen mit dem blonden Frauenprofil auf rotem Hintergrund in Mode und wurden zur Massenware. Bis dahin bereiteten Hausfrauen, Küchenpersonal und Köche den Pudding aus Eiern, Zucker, Milch und Sahne zu. Einige Hausfrauen kochten die etwas kompakteren und nicht so teuren „Breipuddings", wie Gerstenbreipudding, Maizena-Pudding und Mannapudding. Diese bestanden hauptsächlich aus gekochtem und gesüßtem Milchbrei mit Eigelben und Zucker, enthielten Eischnee für mehr Luftigkeit und wurden in einer Puddingform entweder mithilfe von

Gelatine oder durch Kochen im Wasserbad schnittfest zubereitet. Auch in der Dr.-Oetker-Reklame der Nachkriegszeit spielte Geld eine wichtige Rolle. In einem Dr.-Oetker-Rezeptheft von etwa 1950 kann man Folgendes lesen:

> *„Eine der wichtigsten Fragen für die Hausfrau ist: Wie kann man für wenig Geld Essen auf den Tisch bringen, das nahrhaft, leicht verdaulich und wohlschmeckend ist? Das geht schnell und einfach ohne Zauberei. Aus ½ Liter Milch, etwas Zucker und 1 Paket Oetker-Puddingpulver stellt man einen Vanille-, Mandel- oder Schokoladenpudding her, der all diese Forderungen erfüllt. Besonders der Nährstoffanteil ist von großer Bedeutung, denn diese sind für Kinder wie für Erwachsene gleichermaßen wertvoll. Alle, die keine oder nur wenig Milch vertragen, können sich durch Genuss eines Puddings diese wichtigen Nährstoffe auf eine angenehme Weise zuführen. Gemäß den Erfahrungen der Wissenschaft ist eine Mischkost am sinnvollsten. Pudding bringt eine angenehme und notwendige Abwechslung in die tägliche Ernährung. Das feine Aroma und der Wohlgeschmack des Puddings wirken sich wohltuend auf die Verdauung aus und führen dazu, dass selbst weniger reichhaltige Mahlzeiten besser aufgenommen und verwertet werden, wenn diese auf den Tisch kommen. (…) Als Ergänzung zum Abendessen wird Oetker-Pudding für Kinder empfohlen, denn er führt zu einem ruhigen Schlaf, da er die Verdauung erleichtert.“*

Dem Wohltuenden im Pudding sind offenbar keine Grenzen gesetzt. Natürlich ist es heutzutage lustig zu lesen, wie schon auf dem Titelblatt Dr.-Oetker-Pudding angepriesen wurde! Doch ab den Fünfzigerjahren und auch später noch war das Billige gut, das Künstliche noch besser und die Natur billiger Mist. Die Pulverversion gewann so viel an Boden, dass wir in meiner Kindheit in den Achtzigerjahren alles über selbst gemachte Puddings vergessen hatten. Der dänische Molkereiverband versuchte es mit einem einfachen Puddingrezept in einer Ausgabe der volkstümlichen „Karolines Kochrezepthefte“, und sicher gab es vereinzelte Puddingliebhaber dort draußen, die standhielten. Aber Tatsache ist, dass der selbst gemachte Pudding irgendwann zwischen 1945 und 1980 aus unseren Kochbüchern und unseren Küchen verschwand.

DIE RÜCKKEHR DES PUDDINGS

Es gibt so viele gute Gründe dafür, den Pudding zurück auf den Tisch zu bringen. Neben den offensichtlichen – der herrliche Geschmack, unsere gemeinsamen Essenstraditionen, die Bewahrung eines guten Handwerks – sind noch weitere Gründe dafür zu nennen, dass der Pudding einen Platz in der modernen Küche verdient ...

1. **PUDDING WIRD VORAB ZUBEREITET.**
   Das bietet sich nicht nur an, wenn Sie Gäste erwarten und am betreffenden Tag garantiert genug Anderes zubereiten müssen, sondern auch an langen, anstrengenden Tagen, an denen Sie einfach ein Dessert brauchen, das im Kühlschrank auf Sie wartet, wenn Sie nach Hause kommen. Ein Pudding in der Form hält sich ohne weiteres vier bis fünf Tage im Kühlschrank.

2. **PUDDING KANN MAN UNENDLICH VARIIEREN.**
   Wenn Sie erst die Grundprinzipien verstanden haben, eine Creme zuzubereiten und sie zu aromatisieren, sind dem, womit Sie den Pudding verfeinern, keine Grenzen gesetzt. In meinem Rezept für Zitronenpudding müssen Sie nur die Zitrone durch Grapefruit, Bergamotte oder Limette ersetzen, und schon haben Sie eine ganz andere Note. Puddings mit Alkohol können genauso einfach verändert werden. Ersetzen Sie im Rezept für den Rumpudding den Rum durch Calvados oder Whisky oder versuchen Sie im Mandelpudding statt des Amarettos einen anderen Likör. Puddings mit Früchten und Beeren können Sie leicht variieren, indem Sie andere pürierte Früchte mit der ungefähr gleichen Konsistenz verwenden. Die Süße können Sie ja leicht durch eine höhere oder geringere Zuckermenge anpassen. Frische Ananas und Kiwi sollten Sie jedoch vermeiden, denn beide enthalten Enzyme, die mit Gelatine nicht gerne zusammenarbeiten! Puddings, bei denen die Milch-Sahne-Mischung für die Cremebasis mit Vanille, Zitronenabrieb, Tee oder Geranien aromatisiert wurde, lassen sich

leicht durch andere Gewürze und Aromen verändern. Und alle Gelees, sowohl die, die solo wackeln, als auch die, die mit einem Pudding kombiniert werden, können selbstverständlich mit anderen Säften oder gesüßten Weinen und entsprechender Fruchtfüllung zubereitet werden.

3. **PUDDING LÄSST SICH OHNE GRÖSSERE ANSTRENGUNGEN VERSCHÖNERN.**
Haben Sie erst die Creme in die Form gegossen, ist die Dekoration praktisch erledigt! Nur aus der Form stürzen und vielleicht eine Handvoll Beeren oder eine Blüte darauf anrichten, dann haben Sie ein hübsches Dessert, das selbst die besten Konditoren und Patissiers beeindruckt.

4. **EIN PUDDING KANN BEI EINEM FEST DIE TORTE ERSETZEN.**
Aufgrund seines Wow-Faktors, seiner Am-Tag-Vor-Dem-Tag-Zubereitung und seiner Fähigkeit, unendlich variiert zu werden, ist der Pudding ein naheliegendes Thema für Geburtstage, das nachmittägliche Kaffeetrinken, die Abiturfeier und sogar für Hochzeiten. Man gießt ihn in eine zum Anlass passende Form und dekoriert ihn mit Fähnchen, Blumen, einem Brautschleier oder einem Plastikbrautpaar, je nach Anlass, bei dem er einen süßen Abschluss bilden soll.

5. **PUDDING MACHT SICH GUT AUF INSTAGRAM.**
Mir ist klar, dass dies vielleicht nicht das wichtigste Puddingargument der Welt ist, aber wenn Sie gerne Essensbilder bei Instagram, Facebook oder anderen bildlastigen sozialen Medien hochladen, können Sie für einen Pudding extrem viele Likes bekommen. Er ist einfach unglaublich fotogen! Und wenn Sie einen Pudding posten, hoffe ich ganz persönlich, dass Sie die Hashtags #buddingentilbagepåbordet oder #buddingogandredirrendedesserter verwenden, damit ich die Möglichkeit habe, angesichts IHRES Cremekunstwerks in Ohnmacht zu fallen …

PUDDINGS UND SCHAUMSPEISEN

Für Puddings und Schaumspeisen verwendet man beinahe die gleichen Zutaten. Sie bestehen hauptsächlich aus Sahne, Zucker und Eiern und haben eine feste Konsistenz. Im Gegensatz zur Schaumspeise enthält der Pudding außerdem Milch, und ab und zu wird in der Schaumspeise die Schlagsahne durch einfachen Eischnee ersetzt.

Der größte Unterschied aber ist das Erhitzen. Während Pudding an irgendeinem Punkt der Zubereitung erhitzt wird, entweder noch als Creme (wie bei der Crème bavaroise) oder später in der Form (wie beim klassischen Karamellkranz), ist die Schaumspeise roh. Das sorgt sowohl für einen Geschmacks- als auch für einen Konsistenzunterschied. Ebenso die Menge an Luft. Schaumspeisen bestehen fast ausschließlich aus der Luft aus Eischnee und geschlagener Sahne, während der Pudding mit seinem Cremegehalt eine viel dichtere Konsistenz hat und natürlich schön wackelt.

Historisch betrachtet ist der Pudding die Mutter der Schaumspeise. Der Pudding war zuerst da, und als Schlagsahne verfügbar wurde, kam die Schaumspeise dazu, als eine Art kalt zubereiteter Pudding, schön luftig gemacht durch extra viel Schlagsahne. Und es gibt noch einen Aspekt, der die beiden Desserts unterscheidet: Während der Pudding zum Festwerden in eine Form gegossen wird, fristet die Schaumspeise ihr Dasein in einer Schüssel.

SO BEREITEN SIE DIE PUDDINGCREME ZU

Die Grundlage für die meisten Puddingrezepte in diesem Buch ist das, was auf Küchenfranzösisch Crème anglaise genannt wird. Eine Crème anglaise oder „englische Creme" ist eine Legierung bestehend aus leicht verquirlten Eigelben und Zucker unter Zugabe von heißer, mit Vanille gesüßter Milchsahne, die auf 83–85 °C erhitzt wird, damit die Mischung andickt. Eine solche Creme zuzubereiten ist nicht schwer, doch eine einzige Sache kann schiefgehen: Wenn die Creme zu heiß wird, trennt sich die Flüssigkeit von den Eigelben, und die Creme ist voller kleiner Rühreiflocken. Um das zu vermeiden, bleiben Sie bei der Creme, während sie auf dem Herd steht, und beobachten Sie sie.

In allen Rezepten im Buch ist die Zubereitung der Creme genau beschrieben. Doch hier folgt eine Schritt-für-Schritt-Anleitung, an der Sie sich während der Cremeherstellung orientieren können.

1. Alle Zutaten abwiegen. Die Küchenutensilien bereitlegen: einen Messbecher, eine Schüssel für Wasser, einen Topf mit dickem Boden, einen Schneebesen, einen Silikonschaber, einen Kochlöffel, ein Sieb und zwei Rührschüsseln.

2. Wenn Sie Gelatine verwenden, die Blätter zunächst in einer Schüssel mit kaltem Wasser einweichen. Die Vanilleschoten längs aufschneiden, das Mark herauskratzen und mit einem kleinen Teil der Zuckermenge zerdrücken, damit die Körner voneinander getrennt werden.

3. Milch, Sahne, Vanilleschote und gezuckertes Vanillemark in den Topf geben und ein paar Esslöffel des abgewogenen Zuckers hinzufügen, damit die Milchsahne beim Erhitzen nicht so schnell anbrennt. Das Ganze bei niedriger Hitze erwärmen, bis die Sahnemischung am Rand köchelt und kurz vor dem Siedepunkt ist. Dann den Topf vom Herd nehmen und die Milchsahne zugedeckt 10–15 Minuten ziehen lassen.

4. Die Eigelbe und den restlichen Zucker in einer großen Schüssel leicht verquirlen. Das Ziel ist dabei nicht die cremige Konsistenz von Eierlikör. Verrühren Sie die Zutaten 1–2 Minuten lang mit dem Schneebesen. Der Ei-Zucker-Mischung macht es nichts, auf der Arbeitsfläche zu stehen und sich zu verbinden, während die Milch-Sahne-Mischung zieht. Tatsächlich wird die Creme so stabiler, als wenn Sie Eier und Zucker erst dann verrühren, kurz bevor Sie die Milchsahne hinzufügen.

5. Die mit Vanille aromatisierte Milchsahne erneut bis kurz vor den Siedepunkt erhitzen und dann heiß unter kräftigem Rühren zur Ei-Zucker-Mischung gießen, sodass alles gut vermischt wird.

6. Das Ganze zurück in den Topf gießen und die Mischung bei niedriger Hitze unter Rühren mit dem Silikonschaber oder Kochlöffel langsam erwärmen. Anfangs ist die Mischung flüssig und wässrig wie auf dem Bild.

7. ACHTUNG: Die Creme darf NICHT kochen, sollte aber auf 83–85 °C erhitzt werden, weil dann die Eigelbe legieren und die Creme andickt. Beobachten Sie, wann die Creme leicht am Silikonschaber haftet, anstatt herabzutropfen. Dann sofort die Hitze abschalten und den Topf mit der Creme vom Herd nehmen.

8. Nun muss die Gelatine in die Creme, und das so schnell wie möglich, nachdem Sie den Topf vom Herd genommen haben. Die kalte Gelatine dient nämlich dazu, die Temperatur der Creme zu reduzieren, gleichzeitig löst sich die Gelatine in der heißen Creme auf. Die Gelatine gründlich ausdrücken und in die Creme einrühren, sodass sie sich nach kurzem Rühren auflöst.

9. Direkt nach dem Einrühren der Gelatine die Creme durch ein Sieb in eine große Schüssel füllen, damit sie durch den Topf nicht weiter erhitzt wird. Eventuell zum Abkühlen etwas rühren. Soll die Creme weiter aromatisiert werden, ist jetzt der richtige Zeitpunkt dafür.

10. Die Creme mit Frischhaltefolie direkt auf der Oberfläche abdecken, damit sich keine Haut bildet, und sie für 1–2 Stunden in den Kühlschrank stellen, bis sie abgekühlt und eventuell am Rand der Schüssel leicht fest geworden ist. Dann kann man entweder leicht geschlagene Sahne unterheben oder die Creme einfach nur durchrühren, damit das Vanillemark sich verteilt, je nachdem, welche Art Pudding Sie zubereiten. Dann die Creme in eine geeignete Form gießen und in den Kühlschrank stellen.

PS. Ist Ihre Puddingcreme in Schritt 7 zu heiß geworden und beginnt, sich zu trennen oder leicht zu gerinnen, die Creme sofort vom Herd nehmen, in eine kalte Schüssel gießen und 30 Sekunden lang mit einem Stabmixer pürieren. Dann die Creme durch ein Sieb in eine saubere Schüssel gießen. Damit haben Sie sie hoffentlich gerettet!

GELATINEPHOBIE

Häufig treffe ich Menschen, die Angst davor haben, mit Gelatine zu arbeiten. Kochbegeisterte Männer und Frauen, die eigentlich luftige oder wackelige Desserts lieben, sich aber aus reiner Gelatinephobie nicht trauen sie zuzubereiten. „Sie setzt sich ab." „Sie löst sich nicht richtig auf." „Sie verklumpt." Diese Art Phobiker kann ich beruhigen: Solche Szenarien werden Sie kaum erleben, wenn Pudding auf der Speisekarte steht. Wenn in einer Schaumspeise die Gelatine sich absetzt oder klumpt, dann passiert das, weil die Gelatine einen Temperaturschock erlitten hat, weil sie in aufgelöster, warmer Form unter eine kalte Creme gerührt wurde und sozusagen vor Schreck erstarrt ist!

Der Vorteil beim Pudding ist, dass die Gelatine diesem Schock nicht ausgesetzt wird, weil sie in eine *heiße* Creme gerührt wird. Also keine Angst! Das einzige, worum Sie sich kümmern müssen, ist, dass die eingeweichten Blätter gründlich ausgedrückt werden, bevor sie in die heiße Creme kommen, dann lösen sie sich gut auf und verbinden sich fein und homogen. Und „gründlich" bedeutet einfach, dass Sie eine ausreichend große Schüssel mit kaltem Wasser benötigen, in die Sie die Gelatine Blatt für Blatt einlegen, damit sie beim Einweichen nicht zu sehr zusammenklebt, und sie mindestens 10 Minuten, sehr gerne auch länger, abtropfen lassen, bevor Sie sie verwenden.

GELATINE *oder* AGAR-AGAR?

Grundsätzlich verwende ich Gelatine im Pudding, sie erstarrt nämlich auf die genau richtige, wabbelige Art. Doch das bedeutet nicht, dass Sie GEZWUNGEN sind, das tierische Produkt zu verwenden. Vielleicht sind Sie Vegetarier oder essen keine Schweineprodukte. Dann gibt es glücklicherweise Alternativen.

In mehreren meiner Puddingrezepte habe ich erfolgreich Gelatine auf Fischbasis ausprobiert. Man kann sie im Internet bestellen. Die Gelatine auf Fischbasis, die ich gefunden habe, ist ein Pulver, es braucht daher ein wenig Rechenarbeit. Doch sie erstarrt genauso und wird ebenso fest wie die gewöhnliche Blattgelatine aus dem Supermarkt. (1 Blatt Gelatine wiegt 1,7 g. Stehen im Rezept zehn Blätter, müssen Sie diese durch 17 g Fischgelatine-Pulver ersetzen.)

Und dann gibt es noch das pflanzliche Geliermittel Agar-Agar, das aus Seetang hergestellt wird und in Pulverform in Reformhäusern zu bekommen ist. Agar-Agar wird auf eine andere, etwas kompaktere Weise steif als Gelatine, wodurch wabbelige Desserts etwas weniger wabbeln.

Die große Herausforderung ist aber, dass Agar-Agar sich bei deutlich höheren Temperaturen auflöst als Gelatine. Tatsächlich muss Agar-Agar *kochen*, um seine Wirkung zu entfalten. Und die meisten Puddings in diesem Buch basieren auf Cremes, die *nicht* kochen dürfen! Der Trick ist daher, Agar-Agar in etwas Flüssigkeit wie Zitronensaft, Fruchtsaft oder Amaretto 2–4 Minuten zu kochen, bis die Mischung dick und glatt ist. Parallel dazu bereiten Sie in einem anderen Topf die Puddingcreme zu. Danach müssen Sie zunächst etwas von der heißen Puddingcreme zur heißen (aber nicht mehr kochenden) Agar-Agar-Mischung geben und dann das Ganze unter die restliche Creme rühren. Das geht also nur bei Rezepten, bei denen eine bestimmte Flüssigkeitsmenge eingekocht werden muss. Ich empfehle, den Buttermilchpudding, den Veilchen-/Holunderblütenpudding und den Zitronenpudding auf diese Weise zuzubereiten. Alternativ können Sie etwas von der Milchmenge für die legierte Creme nehmen und Agar-Agar darin aufkochen.

Beachten Sie: Während Gelatine zur Aussteifung Kälte benötigt, wird Agar-Agar bei Zimmertemperatur fest. Haben Sie also die Puddingcreme mit Agar-Agar zubereitet, müssen Sie nicht so lange damit warten, die Schlagsahne in die Creme zu rühren. Sie gießen die warme Puddingcreme direkt in eine Form statt sie erst abkühlen zu lassen. Last but not least: Ein mit Agar-Agar zubereiteter Pudding löst sich nicht so leicht aus der Form wie ein Pudding mit Gelatine. Sie brauchen mehr Geduld und müssen ihn extra lang in heißes Wasser stellen, bevor Sie ihn stürzen können (siehe S. 35).

Und wie viel Agar-Agar müssen Sie für einen Pudding verwenden? Nehmen Sie als Grundregel 4 gestrichene TL Agar-Agar auf 1 Liter Pudding und achten Sie darauf, dass das Rezept 150 ml Flüssigkeit oder mehr enthält, um es darin aufzukochen. Fügen Sie nötigenfalls etwas Wasser hinzu.

ZUM THEMA FORMEN

So nach und nach hat sich bei mir eine ganz beachtliche Sammlung an Puddingformen eingefunden, und sie wächst weiter. Meine erste Puddingform ist immer noch meine Lieblingsform, auch wenn sie technisch gesehen keine Pudding-, sondern eine Eisform ist. Ich fand sie bei einem Trödler in Valby für 20 Kronen, und sie hat genau die richtige, hohe gewölbte Ausformung und einen praktischen Deckel. Sie besteht aus Aluminium und ist ein älteres Exemplar der norwegischen Traditionsmarke Høyang. Leider geriet sie eines Tages aus Versehen in die Spülmaschine und ist jetzt nicht mehr so ansehnlich. Etwas matt und trist auf der Oberfläche, aber immer noch absolut einsetzbar!

Die perfekte Form verleiht dem Pudding eine hübsche Gestalt und ein feines Oberflächenmuster und ist gleichzeitig so konstruiert, dass man den Pudding nach dem Gießen stürzen kann. Viele alte Formen verfügen über einen Deckel, und einige von ihnen haben einen „Schornstein“ in der Mitte, ursprünglich dafür entwickelt, dass Wasserdampf aus Puddings entweichen konnte, die im Wasserbad erstarren mussten.

Wenn Sie Puddingformen suchen, kann es sich auszahlen, auf Flohmärkten, bei Trödlern und in Anzeigenblättern zu suchen, wo Sie, wenn Sie Glück haben, hübsche alte Exemplare aus Aluminium, Kupfer, Zinn oder vielleicht Ton, Glas und Keramik finden. Einige sind sehr teuer (und einige eignen sich aufgrund ihrer Metalllegierungen vielleicht nicht mehr, um darin Lebensmittel aufzubewahren!). Ich habe englische Kupferformen aus der viktorianischen Zeit mit Türmchen und Ornamenten für mehrere 100 £ gesehen. Und antike Keramikformen aus Bornholm aus der Periode 1850–1890 für knapp 1.000 Kronen. Dafür sind diese wenigstens hübsch und brauchbar. Und haben ein Löwenmotiv!

Soll es nicht ganz so schwülstig sein, finden Sie neue, schöne Formen im Internet. Die Formen sind aus Metall und antihaftbeschichtet oder aus Kunststoff, manchmal haben sie einen Deckel, eignen sich also für das Wasserbad, und lassen sich auch im Kühlschrank aufbewahren. Es gibt sie in vielen Größen. Ebenfalls über das Internet können Sie die im englischsprachigen Raum beliebten *jelly molds* beziehen: Formen aus Hartgummi mit cleveren Funktionen wie einem Unterdruckventil im Boden (z.B. über amazon oder etsy.com).

Vielleicht verspüren Sie aber ein akutes Puddingbedürfnis, das nicht warten kann, bis Sie die richtige Form gekauft haben. Oder vielleicht haben Sie einfach nicht die Gelegenheit dazu oder die finanziellen Mittel. Ich kann Sie trösten: Es gibt auch andere Möglichkeiten! Ich habe Pudding schon in Plastiktöpfen, Rührschüsseln, Kuchenformen (Brioche- und Gugelhupfformen sind perfekt) und emaillierten Kranzformen zubereitet und bekam sehr schöne runde, längliche und rechteckige Puddings. Sie lassen sich leicht stürzen, wenn Sie nur darauf achten, den Pudding in einer harten Form mit glatter Oberfläche zuzubereiten. Und wenn sie erst mit Schlagsahne, Beeren und Blüten garniert sind, denkt niemand an „Tupperware".

Und schließlich können Sie selbstverständlich das mit dem Stürzen einfach weglassen, die Puddingcreme in eine schöne Servierschüssel füllen und mit einem Löffel portionieren, genau wie bei einer Schaumspeise. ABER: Sie und Ihre Mitesser verpassen in diesem Fall die charakteristische und schönste Eigenschaft des Puddings: nämlich das Wackeln. Ein hübscher, in einer Form erkalteter Pudding, der wackelnd zum Tisch getragen wird, lässt selbst die konsequentesten Dessertgegner vor Wollust seufzen. Ich pflege zu sagen: Ein echter Pudding muss genauso sanft wogen wie das Hinterteil einer fünischen Bauernmagd. Wenn Sie mal einer begegnet sind, wissen Sie, was ich meine ... Wenn nicht, bin ich sicher, dass Sie sich trotzdem vorstellen können, wie bezaubernd das sein kann.

Wie groß
SOLLTE DIE FORM SEIN?

Wenn Sie eine passende Form für den Pudding, den Sie zubereiten möchten, finden wollen, müssen Sie natürlich wissen, wie viel Pudding das Rezept ergibt und wie groß das Volumen Ihrer Form ist.

Das erste ist leicht, denn jedes Rezept enthält eine Liter-Angabe. Das andere ist aber auch einfach! Füllen Sie Ihre Form mit Wasser und gießen Sie es zurück in einen Messbecher, dann können Sie sehen, ob die Form Platz für 1, 1,5 oder 1,7 Liter bietet oder ein ganz anderes Volumen hat. Und dann nehmen Sie eine Form, die zur Puddingmenge passt.

Haben Sie nach dem Füllen der Form überschüssige Creme, können Sie diese in kleinen Schüsseln oder Tassen fest werden lassen. Darüber freut man sich dann auch in den nächsten Tagen noch. Kleine Schüsseln und kleinere Formen sind im Übrigen außerdem sinnvoll, wenn Sie in Zeitnot sind. Indem Sie die Puddingcreme in mehrere kleinere Portionen aufteilen, verkürzen Sie nämlich die Kühldauer und müssen nicht so lange warten, bis Sie den fertigen Pudding aus dem Kühlschrank nehmen können.

GARNIEREN MIT BLÜTEN
(mit Bedacht)

Es sieht hübsch aus und ist ganz einfach, frische Blüten als Dekoration für Pudding und Gelees zu verwenden. Entweder als Bordüre rund um den Rand des Puddings oder genau in die Mitte gepflanzt wie eine Krone auf dem wackeligen Creme-Kunstwerk. Essbare Blüten wie Veilchen, Flieder, Ringelblumen, Rosen, Holunderblüten, Kapuzinerkesse, Borretsch und Stiefmütterchen eignen sich sehr gut.

Und ich habe eine Schwäche für Pfingstrosen. Sie sind eigentlich leicht giftig, aber wenn sie aufgegangen sind, haben sie diesen herrlichen Pompon-Look, der wie geschaffen ist für die Krone eines Puddings. Da man Pfingstrosen nicht essen kann, verwende ich sie nur bei Puddings, die in Formen mit „Schornstein" zubereitet wurden. In diesem Schornstein kann man nämlich perfekt einen Blumenstängel verstecken, ganz wie in einer Vase. Und die Klarsichtfolie, die ich um den Stängel wickle, damit eventueller Saft aus der Pfingstrose nicht in Kontakt mit dem Pudding kommt, sieht man auch nicht.

Kletterpflanzen wie Efeu und Klematis lassen sich hübsch um den Fuß einer hohen Servierplatte wickeln, aber beide sind giftig und dürfen daher nicht verzehrt werden. Sie sollten auch nicht auf den Pudding gelegt werden. Kurz gesagt: Garnieren Sie nicht gedankenlos mit frischen Blumen. Prüfen Sie, ob Ihre Lieblingsblume oder -pflanze nach fachkundiger Meinung essbar oder giftig ist. Und nehmen Sie das als Richtschnur dafür, was in direkten Kontakt mit dem Pudding kommen darf und was Sie besser nur als Tischdekoration verwenden.

SO BEKOMMEN SIE DEN PUDDING *aus* DER FORM

Wenn es etwas gibt, das Hausfrauen den Schweiß auf die Stirn und Flecken auf die Wangen treibt, dann ist das der Moment, wenn der Pudding sich weigert, seine Form zu verlassen. Schon einige Male musste ich versuchen, mit Hüpfen auf der Stelle das wabbelige Dessert aus der Form zu lösen! Und ich kann Sie beruhigen: Es ist mir immer gelungen. Inzwischen habe ich eine feste Routine, und ich schlage vor, dass Sie diese übernehmen. Bevor Sie anfangen, sollten Sie eine Servierplatte bereitstellen sowie eventuell eine Schüssel für ein Wasserbad und ein sauberes Küchentuch, auf dem Ihre Form abtropfen kann.

1. Zunächst vergewissern Sie sich, dass der Pudding tatsächlich fest geworden ist. Fühlen Sie mit einem Finger: Der Pudding sollte sich fest anfühlen und leicht gummiartig nachgeben. Enthält der Pudding geschlagene Sahne und damit Luft, kann er leicht am Finger kleben, und Sie hinterlassen einen Abdruck im Boden, aber das sollte Sie nicht kümmern – keiner wird den Boden sehen.

2. Füllen Sie eine Schüssel mit viel heißem Wasser aus der Leitung und senken Sie die Form hinein, bis das Wasser bis zum Rand steht (es darf nicht hineinlaufen!). Zählen Sie bis zehn (oder bis Sie fühlen, dass der Pudding am Rand der Form ganz leicht schmilzt), dann heben Sie die Form aus dem Wasser. Haben Sie einen der sogenannten „verkehrten Puddings" gekocht, die auf einem Fruchtgelee basieren, sollten Sie die Form nur etwa 5 Sekunden eintauchen, da das Gelee schneller schmilzt. Und wenn Sie Agar-Agar statt Gelatine verwendet haben, müssen Sie die Form ganze 1–2 Minuten eintauchen, da Agar-Agar höhere Schmelztemperaturen benötigt.

3. Stellen Sie die Form auf ein Küchenhandtuch und trocknen Sie die Außenseite leicht ab. Jetzt müssen Sie den Pudding vom Rand der Form lösen. Dafür können Sie vorsichtig mit einem Finger am Rand ziehen, einmal rund um den Pudding, damit er sich löst. Hat die Form einen Schornstein, verfahren Sie rund um den Schornstein genauso. Sie können den Pudding auch vorsichtig mit einem kleinen Messer freischneiden, aber dann bekommt er hässliche Ränder.

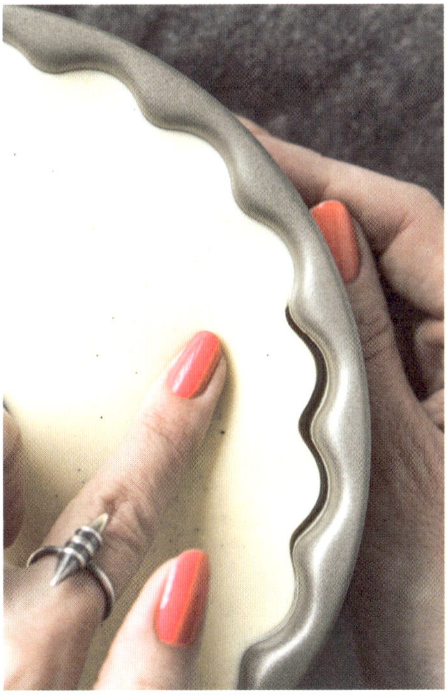

4. Spülen Sie den Servierteller mit kaltem Wasser und tupfen Sie ihn mit dem Küchentuch leicht ab, sodass er nicht mehr tropfnass, sondern feucht ist. Durch die Feuchtigkeit können Sie Pudding und Form leicht manövrieren, sollte der Pudding während der Befreiungsaktion nicht da landen, wo er soll. Stürzen Sie den Pudding nämlich auf einen trockenen Teller, dann steht er dort, wo er auf das Porzellan trifft, wie festgeklebt.

5. Legen Sie den Teller auf die Puddingform und halten Sie beides zusammen. Drehen Sie Form und Teller mit einem Ruck um und bewegen Sie das Ganze einmal kräftig abwärts, damit der Pudding sich aus der Form löst und mit einem Rutsch auf dem Teller landet!

6. Weigert sich der Pudding herauszukommen, kann das daran liegen, dass in der Form Unterdruck herrscht. Dann kann es helfen, die Form leicht schräg zu halten und leicht zu schütteln, erst auf der einen Seite und dann auf der anderen, sodass an den Seiten etwas Luft zwischen Form und Pudding gelangt. Weigert sich der Pudding immer noch, sich zu lösen, wiederholen Sie alle Schritte.

7. Jetzt können Sie fühlen und vielleicht hören, dass der Pudding aus der Form gerutscht ist. Stellen Sie den Teller also ab. Lassen Sie die Form noch, wo sie ist. Prüfen Sie, ob der Pudding auf den Teller zentriert ist. Ist er das nicht, schieben Sie behutsam Form und Inhalt in die Mitte.

8. Heben Sie jetzt vorsichtig die Form senkrecht vom Pudding ab. Benutzen Sie beide Hände und heben Sie sie langsam und ruhig. Ta-da!

PS. Haben Sie in Schritt 2 die Form zu lange oder in zu heißes Wasser getaucht, können kleine Flöckchen aus geschmolzener Creme (oder Saftpfützen aus Fruchtgelee) auf dem Pudding oder dem Servierteller liegen, wenn Sie die Form abheben. Sie können den Pudding mit einem Strohhalm retten. Saugen Sie die Reste einfach vorsichtig auf!

KLASSISCHER VANILLEPUDDING

Vanillepudding ist für Puddings, was die Hollandaise für echte Saucen ist. Eine milde Basis, die man weiter ausbauen oder solo genießen kann. Dieses wackelige Dessert aus Eigelb, Milchsahne und Vanille ist nicht nur die Mutter aller Puddings, es ist auch der Archetypus für das Süße, wie wir es kennen. Vanillepudding, das ist die Erinnerung an kristallisiertes Vanilleparfait auf der Feier im Gemeindehaus, mit Creme gefüllte Eclairs auf dem Eiffelturm, viel zu steife Buttercreme beim Bäcker und die Eiercreme Ihrer Großmutter in ein und demselben Dessert vereint.

1,2 Liter/6–8 Personen

PUDDINGCREME

7 Blatt Gelatine
300 ml Sahne
400 ml Vollmilch
160 g Zucker
2 Vanilleschoten
8 Eigelb
300 ml Schlagsahne

Die Gelatine in einer Schüssel mit kaltem Wasser einweichen.

Die Sahne, die Milch und ein paar EL des Zuckers mit dem ausgekratzten Vanillemark und den Vanilleschoten in einen Topf mit dickem Boden geben und bei schwacher Hitze bis kurz vor den Siedepunkt erwärmen. Dann den Topf vom Herd nehmen und die Vanille in der Milchsahne zugedeckt 10–15 Minuten ziehen lassen.

Die Eigelbe und den restlichen Zucker in einer großen Schüssel leicht verquirlen.

Die mit Vanille aromatisierte Milchsahne bis kurz vor den Siedepunkt erhitzen und dann unter kräftigem Rühren zur Ei-Zucker-Mischung geben. Das Ganze zurück in den Topf gießen und die Mischung langsam bei niedriger Hitze unter Rühren mit einem Silikonschaber oder einem Kochlöffel erwärmen, bis sie eine Temperatur von etwa 83–85 °C erreicht hat. Sie darf NICHT kochen, sollte aber zu einer dünnen Creme reduziert werden (beobachten Sie, wann die Creme leicht am Silikonschaber hängenbleibt und nicht mehr heruntertropft, dann aufhören).

Den Topf sofort vom Herd ziehen. Die Gelatine aus dem Wasser nehmen, gründlich ausdrücken und zur heißen Creme geben. Umrühren, bis die Gelatine sich aufgelöst hat. Dann die Creme durch ein Sieb in eine Schüssel gießen und leicht abkühlen lassen, bevor sie in den Kühlschrank gestellt wird. Dort soll sie nun erkalten und am Rand der Schüssel leicht fest werden. Das dauert etwa 1–2 Stunden.
Die Sahne leicht steif schlagen und unter die abgekühlte Creme heben – zunächst nur eine kleine Menge, die Sie kräftig unterrühren, damit Sie eine homogene Masse erhalten. Danach können Sie die restliche Sahne behutsam unterheben.

Die Puddingcreme in eine geeignete Form gießen, die Sie vorher mit kaltem Wasser ausgespült haben. Für mindestens 6 Stunden, besser aber über Nacht in den Kühlschrank stellen, bis die Creme fest geworden ist. Anschließend den Pudding aus der Form stürzen. Die Anleitung dafür finden Sie auf den Seiten 34–37.

Den Pudding passend zum Anlass garnieren.

GARNITUREN UND DEKORATION FÜR DEN KLASSISCHEN VANILLEPUDDING

- Kirschsauce (siehe Seite 144) + Maraschino-Kirschen
- gebackener Rhabarber mit Erdbeeren (siehe Seite 146) + frische Erdbeeren
- Walderdbeeren und Zitronenmelisse
- pochierte Pfirsiche (siehe Seite 84–86) + essbare Blüten (siehe wichtige Info auf Seite 33)
- Salzkaramellsauce (siehe Seite 143) + frische Himbeeren

MANDELPUDDING *mit* AMARETTO

Dies war der allererste Pudding, den ich im Andenken an die gelbe Pulverversion meiner Kindheit entwickelt habe – mit reichlich Vanille und einer leichten Mandelnote durch den Amaretto. Seither habe ich das Rezept ein wenig verändert, er schmeckt jetzt cremiger und enthält weniger Luft aus der Schlagsahne als noch in der Version 1.0. Wenn Sie mich fragen: So muss ein echter Pudding schmecken!

1,2 Liter/6–8 Personen

PUDDINGCREME

7 Blatt Gelatine	2 Vanilleschoten
300 ml Sahne	8 Eigelb
400 ml Vollmilch	75 ml Amaretto
100 g Zucker	300 ml Schlagsahne

Die Gelatine in einer Schüssel mit kaltem Wasser einweichen.

Die Sahne, die Milch und ein paar EL des Zuckers mit dem ausgekratzten Vanillemark und der Vanilleschote in einen Topf mit dickem Boden geben und bei schwacher Hitze bis kurz vor den Siedepunkt erwärmen. Dann den Topf vom Herd nehmen und die Vanille in der Milchsahne zugedeckt 10–15 Minuten ziehen lassen.

Die Eigelbe und den restlichen Zucker in einer großen Schüssel leicht verquirlen.

Die mit Vanille aromatisierte Milchsahne bis kurz vor den Siedepunkt erhitzen und dann unter kräftigem Rühren zur Ei-Zucker-Mischung geben. Das Ganze zurück in den Topf gießen und die Mischung langsam bei niedriger Hitze unter Rühren mit einem Silikonschaber oder einem Kochlöffel erwärmen, bis sie eine Temperatur von etwa 83–85 °C erreicht hat. Sie darf NICHT kochen, sollte aber zu einer dünnen Creme reduziert werden (beobachten Sie, wann die Creme leicht am Silikonschaber hängenbleibt und nicht mehr heruntertropft, dann aufhören).

Den Topf sofort vom Herd ziehen. Die Gelatine aus dem Wasser nehmen, gründlich ausdrücken und zur heißen Creme geben. Umrühren, bis die Gelatine sich aufgelöst hat. Den Amaretto hinzufügen und einrühren. Dann die Creme durch ein Sieb in eine Schüssel gießen und leicht abkühlen lassen, bevor sie in den Kühlschrank gestellt wird. Dort soll sie nun erkalten und am Rand der Schüssel leicht fest werden. Das dauert etwa 1–2 Stunden.
Die Sahne leicht steif schlagen und unter die abgekühlte Creme heben – zunächst nur eine kleine Menge, die Sie kräftig unterrühren, damit Sie eine homogene Masse erhalten. Danach können Sie die restliche Sahne behutsam unterheben.

Die Puddingcreme in eine geeignete Form gießen, die Sie vorher mit kaltem Wasser ausgespült haben. Für mindestens 6 Stunden, besser aber über Nacht in den Kühlschrank stellen, bis die Creme fest geworden ist. Anschließend den Pudding aus der Form stürzen. Die Anleitung dafür finden Sie auf den Seiten 34–37.

Garnieren Sie den Pudding mit Maraschino-Kirschen, wenn Sie deren leicht künstlichen Geschmack mögen, wenn Sie es natürlicher bevorzugen, mit frischen Kirschen. Servieren Sie ihn Rhabarberkompott, Johannisbeerkompott oder Brombeerkonfitüre.

GARNITUREN UND DEKORATION FÜR DEN MANDELPUDDING *mit* AMARETTO

- Kirschsauce (siehe Seite 144) + Maraschino-Kirschen/frische Kirschen
- gebackener Rhabarber mit Erdbeeren (siehe Seite 146) + frische Erdbeeren
- Walderdbeeren und Zitronenmelisse
- Salzkaramellsauce (siehe Seite 143) + frische Himbeeren
- gebackene Aprikosen mit Pistazien (siehe Seite 145) + ungesalzene Pistazien

RUMPUDDING MIT APFELBODEN

Diesen Pudding habe ich zum Geburtstag meiner Freundin im Herbst gekocht, eine Jahreszeit, in der die Aromen etwas schwerer sind. Der Apfelboden besteht aus einem festen Apfelkompott, das durch Gelatine schnittfest wurde. Darauf kommt ein Pudding mit dunklem Rum, Vanille und braunem Farinzucker. Der Pudding schmeckt hervorragend mit Salzkaramellsauce. Aber wenn Sie keine Zeit haben, diese zu kochen, können Sie auch Ahornsirup nehmen. Um das Apfelaroma zu unterstreichen, lässt sich der Ruhm durch Calvados ersetzen. Übrigens können Sie den Apfelteil auch ganz weglassen und nur den Pudding zubereiten. Ich verspreche Ihnen, es handelt sich um ein sehr feines Exemplar der Rasse „Rumpudding".

2 Liter/12 Personen

RUMPUDDING

10 Blatt Gelatine
10 Eigelb
180 g brauner Farinzucker
550 ml Vollmilch
400 ml Sahne
¼ TL Meersalz
1 Vanilleschote
100 ml dunkler Rum
350 ml Schlagsahne

APFELBODEN

1 kg Äpfel
50 ml Wasser
1 Vanilleschote
75–125 g Zucker
4 Blatt Gelatine

Die Gelatine für den Rumpudding in einer Schüssel mit kaltem Wasser einweichen. In einer weiteren großen Schüssel die Eigelbe und den Farinzucker verquirlen, dabei ein paar EL des Zuckers aufheben. Die Milch, die Sahne, das Salz und den restlichen Zucker mit dem ausgekratzten Vanillemark und der Vanilleschote in einen Topf mit dickem Boden geben und bei schwacher Hitze bis kurz vor den Siedepunkt erwärmen.

Die heiße Milchsahne unter kräftigem Rühren in die Ei-Farinzucker-Mischung gießen. Das Ganze zurück in den Topf geben und die Mischung langsam bei niedriger Hitze unter Rühren mit einem Silikonschaber oder einem Kochlöffel erwärmen, bis sie eine Temperatur von etwa 83–85 °C erreicht hat. Sie darf NICHT kochen, sollte aber zu einer dünnen Creme reduziert werden (beobachten Sie, wann die Creme leicht am Silikonschaber hängenbleibt und nicht mehr heruntertropft, dann aufhören).

Den Topf sofort vom Herd ziehen. Die Gelatine aus dem Wasser nehmen, gründlich ausdrücken und zur heißen Creme geben. Umrühren, bis die Gelatine sich aufgelöst hat. Den Rum hinzufügen und einrühren. Dann die Creme durch ein Sieb in eine Schüssel gießen und leicht abkühlen lassen, bevor sie in den Kühlschrank gestellt wird. Dort soll sie nun erkalten und am Rand der Schüssel leicht fest werden. Das dauert etwa 1–2 Stunden.

Die Sahne leicht steif schlagen und unter die abgekühlte Creme heben – zunächst nur eine kleine Menge, die Sie kräftig unterrühren, damit Sie eine homogene Masse erhalten. Danach können Sie die restliche Sahne behutsam unterheben.

Die Puddingcreme in eine geeignete Form gießen, die Sie vorher mit kaltem Wasser ausgespült haben. Denken Sie daran, dass für den 2–3 cm dicken Apfelboden Platz bleiben muss. Für mindestens 6 Stunden, besser aber über Nacht in den Kühlschrank stellen, bis die Creme fest geworden ist.

Die Äpfel schälen und vom Kerngehäuse befreien. In grobe Stücke schneiden und mit dem Wasser in einen Topf mit dickem Boden geben. Die Vanilleschote längs halbieren, das Mark herauskratzen und mit der flachen Seite eines Messers in etwas Zucker zerdrücken, sodass die Körner getrennt werden. Die Vanilleschote und das Mark in den Topf geben. Zugedeckt die Äpfel bei niedriger Hitze etwa 20–30 Minuten lang dämpfen, bis sie weich sind (je nach Sorte und Reife), zwischendurch mehr Wasser hinzufügen.

Währenddessen die Gelatine für den Apfelboden in einer Schüssel mit kaltem Wasser etwa 10 Minuten einweichen.

Den Zucker unter das Kompott rühren (ganz nach Geschmack und Säure der Äpfel) und das Kompott mit einem Schneebesen glattrühren.
400 ml des heißen Kompotts in eine Schüssel abfüllen. Einen eventuellen Rest können Sie für Apfelkuchen oder das Frühstück verwenden. Die ausgedrückte Gelatine zu den 400 ml Kompott geben und das Ganze mit einem Stabmixer glattpürieren. Anschließend das Kompott bei Zimmertemperatur abkühlen lassen.
Auf dem fest gewordenen Pudding das Kompott mit einem Spachtel oder Löffel verteilen und den Pudding für mindestens 3 Stunden in den Kühlschrank stellen, bis das Apfelkompott fest geworden ist. Anschließend den Pudding aus der Form stürzen. Die Anleitung dafür finden Sie auf den Seiten 34–37.

Garnieren Sie den Pudding mit getrockneten Apfelringen oder kleinen Paradiesäpfeln.

Tipp

Sie können den Apfelboden auch weglassen und für Kinder einen Schokoladen-Schildkrötenpudding garniert mit gehackter dunkler Schokolade zubereiten (rühren Sie dann ein wenig Schokolade unter die Puddingcreme, sobald diese fest zu werden beginnt) und mit Salzkaramellsauce servieren.

GARNITUREN UND DEKORATION FÜR DEN RUMPUDDING *mit* APFELBODEN

- restliches Apfelkompott (siehe Seite 149) + getrocknete Apfelringe
- Salzkaramellsauce (siehe Seite 143) + dunkle Schokolade
- Salzkaramellsauce (siehe Seite 143) + salziges Karamellpopcorn (siehe Seite 111)

KAFFEEKARAMELLPUDDING

Kaffeedesserts habe ich schon immer gemocht. Und ich liebe den Karamellkranz. Beides habe ich in diesem Pudding zusammengeführt. Zum ersten Mal habe ich mich daran versucht, als ich das Buch „Foodie" schrieb. Inzwischen habe ich das Rezept verändert, sodass der Pudding jetzt noch cremiger und wackeliger ist. Die Basis des Puddings bildet ein Sirup aus karamellisiertem Zucker und gutem, starkem Kaffee. Letztgenannter ist wichtig für den Geschmack. Ich verwende immer Kaffeebohnen aus meiner Lieblingsrösterei, The Coffee Collective, die über ihren Internetshop die Produkte auch international versenden. Ich bereite einen extra starken Kaffee in einer Stempelkanne zu (normalerweise sind 60 g Kaffeebohnen auf 1 Liter Wasser vorgesehen, aber hier verwende ich 30 g auf 400 ml). Wenn Sie keine Stempelkanne besitzen, können Sie den Kaffee mit den gleichen Mengen auch in der Maschine zubereiten.

1,2 Liter/6–8 Personen

KAFFEEKARAMELLSIRUP

30 g frisch gemahlene Kaffeebohnen
400 ml kochendes Wasser
6 Blatt Gelatine
100 g Zucker

PUDDINGCREME

8 Eigelb
70 g Zucker
300 ml Vollmilch
200 ml Sahne
250 ml Schlagsahne

Zunächst in einer Stempelkanne einen starken Kaffee zubereiten. Dafür die aromatischen, frisch gemahlenen Kaffeebohnen in die Kanne geben. Das Wasser aufkochen und 1 Minute stehen lassen, dann über die Bohnen in der Stempelkanne schütten und 4 Minuten ziehen lassen. Umrühren und den Kaffeesatz abschäumen. Langsam den Stempel herunterdrücken.

Die Gelatine für den Sirup in einer Schüssel mit kaltem Wasser einweichen.

Den Zucker in eine trockene Sautier- oder Bratpfanne streuen und zu hellbraunem Karamell schmelzen. Die Pfanne vom Herd nehmen, anschließend den Kaffee vorsichtig (in kleinen Portionen) hineingießen. Achtung, das kann spritzen! Den Karamellkaffeesirup auf die Hälfte der Menge, also etwa 200 ml, einkochen. Dann den Sirup in eine Schüssel oder einen Messbecher mit Ausgießer füllen und leicht abkühlen lassen.
Die Gelatine aus dem Wasser nehmen, ausdrücken und in den heißen Karamellsirup geben. Umrühren, bis die Gelatine sich aufgelöst hat. Den Sirup zur Seite stellen.

Für die Puddingcreme in einer weiteren großen Schüssel die Eigelbe und den Zucker verquirlen, dabei ein paar EL des Zuckers aufheben.
Die Milch, die Sahne und den restlichen Zucker in einen Topf mit dickem Boden geben und bei schwacher Hitze bis kurz vor den Siedepunkt erwärmen.
Die heiße Milchsahne unter kräftigem Rühren in die Ei-Zucker-Mischung gießen. Das Ganze zurück in den Topf geben und die Mischung langsam bei niedriger Hitze unter Rühren mit einem Silikonschaber oder einem Kochlöffel erwärmen, bis sie eine Temperatur von etwa 83–85 °C erreicht hat. Sie darf NICHT kochen, sollte aber zu einer dünnen Creme reduziert werden (beobachten Sie, wann die Creme leicht am Silikonschaber hängenbleibt und nicht mehr heruntertropft, dann aufhören).
Den Topf sofort vom Herd ziehen. Den Kaffeesirup unterrühren. Dann die Creme durch ein Sieb in eine Schüssel gießen und leicht abkühlen lassen, bevor sie in den Kühlschrank gestellt wird. Dort soll sie nun erkalten und am Rand der Schüssel leicht fest werden. Das dauert etwa 1–2 Stunden.
Die Sahne leicht steif schlagen und unter die abgekühlte Creme heben – zunächst nur eine kleine Menge, die Sie kräftig unterrühren, damit Sie eine homogene Masse erhalten. Danach können Sie die restliche Sahne behutsam unterheben.

Die Puddingcreme in eine geeignete Form gießen, die Sie vorher mit kaltem Wasser ausgespült haben. Für mindestens 6 Stunden, besser aber über Nacht in den Kühlschrank stellen, bis die Creme fest geworden ist. Anschließend den Pudding aus der Form stürzen. Die Anleitung dafür finden Sie auf den Seiten 34–37. Den Pudding mit Schlagsahne und ganzen Kaffeebohnen garnieren.

GARNITUREN UND DEKORATION FÜR DEN KAFFEEKARAMELLPUDDING

- Häubchen aus Schlagsahne + ganze Kaffeebohnen (diese sollten Sie aber nicht essen)
- Salzkaramellsauce (siehe Seite 143) + dunkle Schokolade

VEILCHENPUDDING

Ich habe eine Schwäche für Veilchen, ein Aroma, das hier leider nicht sehr verbreitet ist. Veilchentee, Veilchen-Macarons und nun also Veilchenpudding. Der französische Hersteller Monin liefert den Veilchensirup, den ich zur Aromatisierung verwende. Er lässt sich im Internet bestellen. Sie können die Veilchen auch weglassen und stattdessen das Rezept zu einem feinen, hellgelben Pudding mit Holunderblüten abwandeln, indem Sie den Veilchensirup durch Holunderblütensirup ersetzen.

1,2 Liter/6–8 Personen

PUDDINGCREME

6 Blatt Gelatine
300 ml Sahne
300 ml Vollmilch
50 g Zucker
8 Eigelb
150 ml Veilchensirup
Saft von ½–1 Zitrone
300 ml Schlagsahne

Die Gelatine in einer Schüssel mit kaltem Wasser einweichen.
Die Sahne, die Milch und ein paar EL des Zuckers in einen Topf mit dickem Boden geben und bei schwacher Hitze bis kurz vor den Siedepunkt erwärmen. Dann den Topf vom Herd nehmen und die Milchsahne zugedeckt 10–15 Minuten ziehen lassen.
Die Eigelbe und den restlichen Zucker in einer großen Schüssel leicht verquirlen.
Die Milchsahne bis kurz vor den Siedepunkt erhitzen und dann unter kräftigem Rühren zur Ei-Zucker-Mischung geben. Das Ganze zurück in den Topf gießen und die Mischung langsam bei niedriger Hitze unter Rühren mit einem Silikonschaber oder einem Kochlöffel erwärmen, bis sie eine Temperatur von etwa 83–85 °C erreicht hat. Sie darf NICHT kochen, sollte aber zu einer dünnen Creme reduziert werden (beobachten Sie, wann die Creme leicht am Silikonschaber hängenbleibt und nicht mehr heruntertropft, dann aufhören).
Den Topf sofort vom Herd ziehen. Die Gelatine aus dem Wasser nehmen, gründlich ausdrücken und zur heißen Creme geben. Umrühren, bis die Gelatine sich aufgelöst

hat. Den Veilchensirup und den Zitronensaft hinzufügen. Dann die Creme durch ein Sieb in eine Schüssel gießen und leicht abkühlen lassen, bevor sie in den Kühlschrank gestellt wird. Dort soll sie nun erkalten und am Rand der Schüssel leicht fest werden. Das dauert etwa 1–2 Stunden.
Die Sahne leicht steif schlagen und unter die abgekühlte Creme heben – zunächst nur eine kleine Menge, die Sie kräftig unterrühren, damit Sie eine homogene Masse erhalten. Danach können Sie die restliche Sahne behutsam unterheben.

Die Puddingcreme in eine geeignete Form gießen, die Sie vorher mit kaltem Wasser ausgespült haben. Für mindestens 6 Stunden, besser aber über Nacht in den Kühlschrank stellen, bis die Creme fest geworden ist. Anschließend den Pudding aus der Form stürzen. Die Anleitung dafür finden Sie auf den Seiten 34–37.

Garnieren Sie den Pudding mit frischen Veilchen oder Veilchenblättern, wenn möglich, und evtl. Rispen mit frischen schwarzen Johannisbeeren.

Tipp

Für einen Holunderblütenpudding ersetzen Sie den Veilchensirup durch die gleiche Menge Holunderblütensirup. Dann mit frischen Holunderblüten garnieren und mit Stachelbeersauce (siehe Seite 151) oder frischen Erdbeeren servieren.

GARNITUREN UND DEKORATION FÜR DEN VEILCHENPUDDING

- frische Johannisbeeren, Kompott aus schwarzen Johannisbeeren mit Rum (siehe Seite 154) + Flieder oder andere essbare Blüten (siehe wichtige Info auf Seite 33)
- Salzlakritzsirup + frische oder kandierte Veilchen und Veilchenblätter
- Brombeersauce (siehe Seite 153) + frische Brombeeren

KAKAOPUDDING

Ein ganz einfacher Pudding – und der Liebling aller Kinder. Während die meisten Puddings, die ich zubereite, von der Familie der Crèmes bavaroises abstammen (also aus einer Creme bestehen, die durch Schlagsahne luftiger und durch Gelatine fest wird), handelt es sich bei diesem Pudding einfach um schnittfest zubereitete Kakaomilch bzw. Kakaosahne. Ich empfehle Ihnen daher, wirklich gutes, reines Kakaopulver zu verwenden. Sie können den Pudding auch mit Orangenblütenwasser, Maraschino-Likör oder Orangenabrieb aromatisieren. Oder das Wasser im Rezept durch Cognac ersetzen. Dann ist es ein Lumumba-Pudding – allerdings nicht mehr für Kinder geeignet.

1 Liter/6 Personen

PUDDINGCREME

7 Blatt Gelatine
800 ml Sahne
170 g Zucker
80 g reines Kakaopulver
100 ml Wasser
evtl. 2 EL Orangenblütenwasser oder Maraschino-Likör

Die Gelatine in einer Schüssel mit kaltem Wasser einweichen.
Die Sahne mit ein paar EL des Zuckers in einem Topf mit dickem Boden aufkochen. Den restlichen Zucker und das Kakaopulver in eine kleine Schüssel füllen. Im Wasserkocher 100 ml Wasser aufkochen, zur Zucker-Kakao-Mischung gießen und umrühren, sodass sie leicht schmilzt. Die Mischung zur heißen Sahne geben. Die Kakaosahne ein paar Minuten kochen lassen, bis der Zucker sich aufgelöst hat.
Den Topf vom Herd nehmen. Die Gelatine aus dem Wasser nehmen, gründlich ausdrücken und zur heißen Kakaosahne geben. Umrühren, bis die Gelatine sich aufgelöst hat. Orangenblütenwasser oder Likör hinzufügen und den Pudding abschmecken – vielleicht sind Sie ja der Meinung, das Orangenblüten-/Liköraroma dürfte noch intensiver sein …

Die Kakaocreme direkt in eine geeignete Form gießen, die Sie vorher mit kaltem Wasser ausgespült haben. Gerne können Sie auch kleine Förmchen verwenden, je nach Größe benötigt man 6–8 Stück. Den noch flüssigen Pudding vorsichtig in den Kühlschrank stellen und mindestens 6 Stunden, am besten aber über Nacht fest werden lassen. Anschließend den Pudding aus der Form stürzen. Die Anleitung dafür finden Sie auf den Seiten 34–37.

Den Kakaopudding mit Schlagsahne und Maraschino-Kirschen garnieren, wenn Sie das Vertraute mögen, und frischem Obst, wenn Sie eher der natürliche Typ sind.

GARNITUREN UND DEKORATION FÜR DEN KAKAOPUDDING

- Sahnehäubchen + Maraschino-Kirschen, Schokolade oder Kakaonibs
- Orangensalat mit Orangenblüten und Kakaonibs (siehe Seite 152) + Kumquats in Scheiben
- Vanillesauce (siehe Seite 147) + Orangenfilets
- Sahnehäubchen + Physalis

SCHOKOLADENPUDDING

Kein Puddingkochbuch ohne Schokoladenpudding! Dies hier ist ein einfacher, wackeliger Pudding, nicht zu süß und mit einem reinen, milden Aroma von Schokolade und Sahne. Ich verwende Caraïbe-Chokolade von Valrhona, die einen Hauch säuerlich ist, und serviere den Pudding am liebsten mit einem Kompott aus Passionsfrucht und Banane. Verwenden Sie eine andere Schokolade, dann nehmen Sie eine mit entsprechend hohem Kakaoanteil – nicht, weil ich es so genau nehme, sondern weil das Verhältnis zwischen Kakaopulver und Kakaobutter Einfluss auf die Konsistenz des Puddings hat.

1,5 Liter/8–10 Personen

PUDDINGCREME

6 Blatt Gelatine
8 Eigelb
160 g Zucker
300 ml Sahne

400 ml Vollmilch
150 g dunkle Schokolade, z. B. Valrhona Caraïbe, Kakaoanteil 64 %
300 ml Schlagsahne

Die Gelatine in einer Schüssel mit kaltem Wasser einweichen.
Die Eigelbe und den Zucker in einer weiteren großen Schüssel leicht verquirlen, ein paar EL des Zuckers aufheben.
Die Sahne, die Milch und den restlichen Zucker in einen Topf mit dickem Boden geben und bei schwacher Hitze bis kurz vor den Siedepunkt erwärmen.
Die heiße Milchsahne dann unter kräftigem Rühren zur Ei-Zucker-Mischung geben. Das Ganze zurück in den Topf gießen und die Mischung langsam bei niedriger Hitze unter Rühren mit einem Silikonschaber oder einem Kochlöffel erwärmen, bis sie eine Temperatur von etwa 83–85 °C erreicht hat. Sie darf NICHT kochen, sollte aber zu einer dünnen Creme reduziert werden (beobachten Sie, wann die Creme leicht am Silikonschaber hängenbleibt und nicht mehr heruntertropft, dann aufhören).

Den Topf sofort vom Herd ziehen. Die Gelatine aus dem Wasser nehmen, gründlich ausdrücken und zur heißen Creme geben. Umrühren, bis die Gelatine sich aufgelöst hat. Dann die Creme durch ein Sieb in eine Schüssel gießen.
Die Schokolade mit einem Brotmesser hacken und in einer Schüssel im Wasserbad oder in der Mikrowelle schmelzen.
Die warme Schokolade mit der warmen Creme vermengen. Sollte sie sich nicht richtig verbinden, kurz den Stabmixer einsetzen. Falls das nicht reicht, die Schokoladencreme vorsichtig erhitzen, bis die Schokoflocken und die Creme richtig vermischt sind.
Die Schokoladencreme in den Kühlschrank stellen. Dort soll sie nun erkalten und am Rand der Schüssel leicht fest werden. Das dauert etwa 1–2 Stunden.
Die Sahne leicht steif schlagen und unter die abgekühlte Creme heben – zunächst nur eine kleine Menge, die Sie kräftig unterrühren, damit Sie eine homogene Masse erhalten. Danach können Sie die restliche Sahne behutsam unterheben.

Die Puddingcreme in eine geeignete Form gießen, die Sie vorher mit kaltem Wasser ausgespült haben. Für mindestens 6 Stunden, besser aber über Nacht in den Kühlschrank stellen, bis die Creme fest geworden ist. Anschließend den Pudding aus der Form stürzen. Die Anleitung dafür finden Sie auf den Seiten 34–37.

Garnieren Sie den Pudding mit Sahnehäubchen, Kakaonibs und evtl. Maraschino-Kirschen oder mit Passionsfrucht-Kompott und frischen Beeren, ganz nach Geschmack!

Tipp

Für einen kindlichen „Schokopudding surprise" drücken Sie kleine Schaumküsse in den Pudding, wenn er halb fest geworden ist. Die Waffelböden der Schaumküsse sollten bündig mit der Puddingoberfläche abschließen.

GARNITUREN UND DEKORATION FÜR DEN SCHOKOLADENPUDDING

- Bananen-Passionsfrucht-Kompott (siehe Seite 142) + Sahnehäubchen und Kakaonibs
- Salzkaramellsauce (siehe Seite 143) + Bananenscheiben
- Schokosauce (siehe Seite 150) + Maraschino-Kirschen
- gebackene Aprikosen mit Pistazien (siehe Seite 145) + Sahnehäubchen und ungesalzene Pistazien

WEISSER SCHOKOLADEN-PUDDING *mit* JASMINTEE

Grüner Tee und weiße Schokolade sind seit Kurzem gern gesehene Gäste in der modernen Dessertküche und eine Kombination, die ich für meine Puddingzwecke einfach ausprobieren musste. Ich habe mich für grünen Tee mit Jasmin entschieden, den es in den meisten Geschäften zu kaufen gibt. Wenn Sie eher auf einen grünen Earl Grey stehen, der mit Bergamotte aromatisiert ist – nur zu. Das gleiche gilt auch für Matcha-Pulver. Das darf allerdings nicht in der Sahne ziehen, sondern wird zur Creme hinzugefügt. Servieren Sie den Pudding mit frischen oder gezuckerten Himbeeren.

1,5 Liter/8–10 Personen

PUDDINGCREME

6 Blatt Gelatine
500 ml Vollmilch
200 ml Sahne
160 g Zucker
20 g Grüner Tee mit Jasmin (lose Blätter)
8 Eigelb
130 g weiße Schokolade, z. B. Valrhona Ivoire 35 %
300 ml Schlagsahne

Die Gelatine in einer Schüssel mit kaltem Wasser einweichen.

Die Milch, die Sahne und ein paar EL des Zuckers in einen Topf mit dickem Boden geben und die Milchsahne bis kurz vor den Siedepunkt erwärmen. Die Teeblätter hinzufügen, den Topf vom Herd nehmen und die Milchsahne 10–15 Minuten zugedeckt ziehen lassen. Dann durch ein Sieb in eine Schüssel gießen, sodass die Teeblätter ausgesiebt werden – sie haben ihr Soll erfüllt.

Die Eigelbe und den restlichen Zucker in einer großen Schüssel leicht verquirlen.

Die aromatisierte Milchsahne erneut bis kurz vor den Siedepunkt erhitzen und dann unter kräftigem Rühren zur Ei-Zucker-Mischung geben. Das Ganze zurück in den Topf gießen und die Mischung langsam bei niedriger Hitze unter Rühren mit einem Silikon-

schaber oder einem Kochlöffel erwärmen, bis sie eine Temperatur von etwa 83–85 °C erreicht hat. Sie darf NICHT kochen, sollte aber zu einer dünnen Creme reduziert werden (beobachten Sie, wann die Creme leicht am Silikonschaber hängenbleibt und nicht mehr heruntertropft, dann aufhören).
Den Topf sofort vom Herd ziehen. Die Gelatine aus dem Wasser nehmen, gründlich ausdrücken und zur heißen Creme geben. Umrühren, bis die Gelatine sich aufgelöst hat. Dann die Creme durch ein Sieb in eine Schüssel gießen.
Mit einem Brotmesser die Schokolade hacken und in einer Schüssel im Wasserbad oder in der Mikrowelle schmelzen.
Die warme Schokolade mit der warmen Creme vermengen. Sollte sie sich nicht richtig verbinden, kurz den Stabmixer einsetzen. Falls das nicht reicht, die Schokoladencreme vorsichtig erhitzen, bis die Schokoflocken und die Creme richtig vermischt sind.
Die Creme in den Kühlschrank stellen. Dort soll sie nun erkalten und am Rand der Schüssel leicht fest werden. Das dauert etwa 1–2 Stunden.
Die Sahne leicht steif schlagen und unter die abgekühlte Creme heben – zunächst nur eine kleine Menge, die Sie kräftig unterrühren, damit Sie eine homogene Masse erhalten. Danach können Sie die restliche Sahne behutsam unterheben.

Die Puddingcreme in eine geeignete Form gießen, die Sie vorher mit kaltem Wasser ausgespült haben. Für mindestens 6 Stunden, besser aber über Nacht in den Kühlschrank stellen, bis die Creme fest geworden ist. Anschließend den Pudding aus der Form stürzen. Die Anleitung dafür finden Sie auf den Seiten 34–37.

Hübsch wäre es, den Pudding mit frischen Jasminblüten zu dekorieren, die es aber in Dänemark nicht gibt. Und *falscher Jasmin*, der vielleicht in Ihrem Nachbargarten blüht, ist giftig. Mit ihm können Sie allenfalls den Tisch unter dem Pudding dekorieren, wenn Sie nicht wissen, was Sie damit anfangen sollen.

GARNITUREN UND DEKORATION FÜR DEN WEISSEN SCHOKOLADENPUDDING *mit* JASMIN

- in Rosenwasser geschwenkte Himbeeren (siehe Seite 144) + frische Himbeeren
- gezuckerte Johannisbeeren (siehe Seite 150) + Johannisbeerblätter

ROSENGERANIEN-PUDDING *mit* HIMBEEREN

In der Dessertküche ist die Rosengeranie mein Lieblingsgewächs. Mit ihren Noten von Zitrus und Rosen ist die grüne Pflanze wie geschaffen, um Puddings, Cremes und Kompotte zu aromatisieren. Ich rede nicht von diesem schweren, süßlichen Parfum, das uns im Sommer in Taxis entgegenschlägt, sondern von einem subtilen, kaum wahrnehmbaren Duft. Wenn Sie diesen Rosengeranien-Pudding mit gezuckerten Himbeeren oder Rhabarberkompott servieren, machen Sie Ihre Gäste sehr, sehr glücklich.

1,5 Liter/8–10 Personen

PUDDINGCREME

300 g gefrorene oder frische Himbeeren
(150 ml Himbeersaft)
190 g Zucker
evtl. etwas Zitronensaft
7 Blatt Gelatine

400 ml Vollmilch
300 ml Sahne
8 Rosengeranienblätter (siehe Tipp Seite 74)
10 Eigelb
300 ml Schlagsahne

Die Himbeeren in einen Topf geben und auf der Arbeitsplatte stehen lassen, bis sie Saft abgeben. Wenn Sie frische Beeren verwenden, streuen Sie ein paar EL der Zuckermenge darüber. Dann die Beeren kurz aufkochen und über einer Schüssel in ein Sieb füllen, damit der Saft abtropfen kann, denn den brauchen Sie. Sie sollten 150 ml Himbeersaft erhalten. Eventuell die Beeren etwas zerdrücken, um mehr Saft zu gewinnen. Wenn der Saft nicht reicht, diesen mit Zitronensaft verdünnen.
Die Gelatine in einer Schüssel mit kaltem Wasser einweichen.
Die Milch, die Sahne und ein paar EL des Zuckers in einen Topf mit dickem Boden geben, die Geranienblätter hinzufügen und die Milchsahne bis kurz vor den Siedepunkt erhitzen. Dann den Topf vom Herd nehmen und die Mischung zugedeckt 10–15 Minuten ziehen lassen.

Die Eigelbe und den restlichen Zucker in einer großen Schüssel leicht verquirlen.
Die Milchsahne und die Geranienblätter erneut bis kurz vor den Siedepunkt erhitzen.
Die heiße Milchsahne unter kräftigem Rühren zur Ei-Zucker-Mischung geben. Das Ganze zurück in den Topf gießen und die Mischung langsam bei niedriger Hitze unter Rühren mit einem Silikonschaber oder einem Kochlöffel erwärmen, bis sie eine Temperatur von etwa 83–85 °C erreicht hat. Sie darf NICHT kochen, sollte aber zu einer dünnen Creme reduziert werden (beobachten Sie, wann die Creme leicht am Silikonschaber hängenbleibt und nicht mehr heruntertropft, dann aufhören).
Den Topf sofort vom Herd ziehen. Die Gelatine aus dem Wasser nehmen, gründlich ausdrücken und zur heißen Creme geben. Umrühren, bis die Gelatine sich aufgelöst hat. Den Himbeersaft einrühren und dann die Creme durch ein Sieb in eine Schüssel gießen. Die Creme in den Kühlschrank stellen. Dort soll sie nun erkalten und am Rand der Schüssel leicht fest werden. Das dauert etwa 1–2 Stunden.
Die Sahne leicht steif schlagen und unter die abgekühlte Creme heben – zunächst nur eine kleine Menge, die Sie kräftig unterrühren, damit Sie eine homogene Masse erhalten. Danach können Sie die restliche Sahne behutsam unterheben.

Die Puddingcreme in eine geeignete Form gießen, die Sie vorher mit kaltem Wasser ausgespült haben. Für mindestens 6 Stunden, besser aber über Nacht in den Kühlschrank stellen, bis die Creme fest geworden ist. Anschließend den Pudding aus der Form stürzen. Die Anleitung dafür finden Sie auf den Seiten 34–37.

Den Pudding mit Rosen und Geranienblättern garnieren.

Tipp

Rosengeranien sind ein sehr feines Gewächs für die süße Küche, vor allem in Desserts mit Zutaten wie Rhabarber, Zitrusfrüchten, Rosen und Himbeeren. Ich kaufe neue Geranien beim Blumenhändler, sie kosten fast nichts, stehen im Küchenfenster, duften herrlich und kommen gut damit klar, in regelmäßigen Abständen ein paar Blätter zu spenden. Wenn Sie nach einer Geranie zur Verwendung in der Küche Ausschau halten, prüfen Sie, nach was die jeweilige Sorte riecht, indem Sie leicht an den Blättern reiben und riechen.

GARNITUREN UND DEKORATION FÜR DEN ROSENGERANIEN-PUDDING *mit* HIMBEEREN

- gebackener Rhabarber mit Erdbeeren (siehe Seite 146) + frische Rosengeranium-Blätter
- in Rosenwasser geschwenkte Himbeeren (siehe Seite 144) + Rosen
- Himbeersauce (siehe Seite 153) + frische Himbeeren

APRIKOSENPUDDING *mit* AMARETTO

Kennen Sie das: Sie sehen eine bestimmte Zutat auf einer Speisekarte und müssen dieses Gericht einfach sofort bestellen, in dem sie enthalten ist? So geht es mir mit Aprikosen. Sie übertreffen alles andere, selbst Kirschen und Rhabarber. Vielleicht, weil mir diese aromatische Steinfrucht viel zu selten begegnet. Daher dieser Pudding, dem ich einen Schuss Amaretto spendiert habe, da das Mandelaroma und der Aprikosengeschmack so nah verwandt sind, dass sie sich nicht nur ergänzen, sondern sogar verstärken. Ich hoffe wirklich, dass Sie ihn ausprobieren!

1,5 Liter/8–10 Personen

APRIKOSENPÜREE

400 g reife Aprikosen
100 ml Wasser
50 g Zucker
Saft von ½ Zitrone
50 ml Amaretto

PUDDINGCREME

8 Blatt Gelatine
8 Eigelb
160 g Zucker
400 ml Vollmilch
300 ml Sahne
300 ml Schlagsahne

Die Aprikosen waschen, halbieren und entsteinen. Das Fruchtfleisch in Spalten schneiden.
Das Wasser und den Zucker in einen kleinen Topf geben und kochen lassen, bis sich der Zucker auflöst. Dann die Aprikosen in den Zuckersirup legen und darin 10 Minuten köcheln lassen. Die Mischung zusammen mit dem Zitronensaft und dem Amaretto zu einem feinen Püree mixen.
Die Gelatine in einer Schüssel mit kaltem Wasser einweichen.

Die Eigelbe und den Zucker in einer weiteren großen Schüssel leicht verquirlen, ein paar EL des Zuckers aufheben.
Die Milch, Sahne und den restlichen Zucker in einen Topf mit dickem Boden geben und die Milchsahne bis kurz vor den Siedepunkt erhitzen.
Die heiße Milchsahne unter kräftigem Rühren mit der Ei-Zucker-Mischung vermengen. Das Ganze zurück in den Topf gießen und die Mischung langsam bei niedriger Hitze unter Rühren mit einem Silikonschaber oder einem Kochlöffel erwärmen, bis sie eine Temperatur von etwa 83–85 °C erreicht hat. Sie darf NICHT kochen, sollte aber zu einer dünnen Creme reduziert werden (beobachten Sie, wann die Creme leicht am Silikonschaber hängenbleibt und nicht mehr heruntertropft, dann aufhören).
Den Topf sofort vom Herd ziehen. Die Gelatine aus dem Wasser nehmen, gründlich ausdrücken und zur heißen Creme geben. Umrühren, bis die Gelatine sich aufgelöst hat. Dann die Creme durch ein Sieb in eine Schüssel gießen. Das Aprikosenpüree hinzufügen und kurz mit dem Stabmixer glatt pürieren. Die Creme erneut durchsieben, damit auch die kleinsten Stücke der Aprikosenschale im Sieb bleiben.
Die Aprikosencreme in den Kühlschrank stellen. Dort soll sie nun erkalten und am Rand der Schüssel leicht fest werden. Das dauert etwa 1–2 Stunden.
Die Sahne leicht steif schlagen und unter die abgekühlte Creme heben – zunächst nur eine kleine Menge, die Sie kräftig unterrühren, damit Sie eine homogene Masse erhalten. Danach können Sie die restliche Sahne behutsam unterheben.

Die Puddingcreme in eine geeignete Form gießen, die Sie vorher mit kaltem Wasser ausgespült haben. Für mindestens 6 Stunden, besser aber über Nacht in den Kühlschrank stellen, bis die Creme fest geworden ist. Anschließend den Pudding aus der Form stürzen. Die Anleitung dafür finden Sie auf den Seiten 34–37.

Den Pudding mit halbierten Aprikosen und geschälten Mandeln oder ungesalzenen Pistazien garnieren.

GARNITUREN UND DEKORATION FÜR DEN APRIKOSENPUDDING *mit* AMARETTO

- frische Aprikosen + ungesalzene Pistazien/geschälte Mandeln
- gebackene Aprikosen mit Pistazien (siehe Seite 145) + Schlagsahne und ungesalzene Pistazien
- Kirschsauce (siehe Seite 144) + kleine Makronen

VANILLEPUDDING *mit* RHABARBERGELEE

Wenn Sie wie ich eine Schwäche für alles mit Rhabarber haben, werden Sie diesen Pudding lieben. Er wurde von dem Käsekuchen inspiriert, den ich jedes Jahr zu meinem Geburtstag zubereite. Das heißt … dieses Jahr habe ich stattdessen diesen Pudding gemacht. Mit der hübschen Geleeschicht aus Rhabarber, aromatisiert mit Rosengeranien, die für diese ganz besondere Note von Rosen und Zitrus sorgen. Geranien finden Sie in Töpfen beim Blumenhändler – so einfach ist das (siehe auch die Tipps auf Seite 33 und 74).

1,5 Liter/8–10 Personen

GEBACKENER RHABARBER

ca. 1 kg Rhabarber (Nettogewicht nach dem Säubern)

375 g Zucker

3–4 Blätter Rosengeranium

RHABARBERGELEE

3 Blatt Gelatine

300 ml Rhabarbersaft aus der Form

gebackener Rhabarber (abgetropft)

PUDDINGCREME

7 Blatt Gelatine

400 ml Vollmilch

300 ml Sahne

160 g Zucker

2 Vanilleschoten

8 Eigelb

300 ml Schlagsahne

Den Ofen auf 200 °C vorheizen. Den Rhabarber säubern und in kleinere Stücke schneiden, in eine feuerfeste Form geben und mit dem Zucker und den ganzen Geranienblättern vermengen. Die Form mit dem Rhabarber für etwa 20 Minuten in den Ofen geben, dabei zwischendurch einmal umrühren. Die Form aus dem Ofen nehmen und den Rhabarber und den Rhabarbersaft bei Zimmertemperatur abkühlen lassen. Anschließend Rhabarber und Saft durch ein Sieb in eine Schüssel gießen. Den Rhabarber im Sieb abtropfen lassen.

Die Gelatine für das Gelee in einer Schüssel mit kaltem Wasser einweichen. 300 ml des Rhabarbersaftes abmessen (haben Sie zu wenig, können Sie mit etwas Wasser verdünnen. Eventuelle Reste können Sie beim Frühstück verarbeiten). In einem kleinen Topf etwas von dem Saft erwärmen, die Gelatine aus dem Wasser nehmen, ausdrücken und zum Saft geben. Umrühren, bis die Gelatine sich aufgelöst hat, und dann mit dem restlichen Rhabarbersaft vermischen.

Den Saft in eine Puddingform mit einem Fassungsvermögen von etwa 1,5–1,7 Litern gießen und die Form in den Kühlschrank stellen, bis der Saft am Rand der Form leicht zu gelieren beginnt. Bei dieser kleinen Menge dauert das nicht lange. Wenn der Saft geliert, können Sie die Rhabarberstücke hineingeben. Verwenden Sie nicht die gesamte Menge des gebackenen Rhabarbers, sondern eine zum Muster der Form passende Menge (etwa ein Drittel). Sie sollten noch so viel Puddingcreme auffüllen können, dass Sie hinterher einen Teil Gelee und zwei bis drei Teile Creme haben. Die Rhabarberstücke eines nach dem anderen mit etwas Druck in den leicht gelierten Saft legen. Ist das Gelee plötzlich zu fest geworden, um die Rhabarberstücke aufzunehmen, einfach eine Wanne mit sehr warmem Wasser füllen und die Form leicht hineinsenken, sodass das Gelee schmilzt und sich wieder kooperativ verhält.

Die Form in den Kühlschrank stellen. Der Saft soll jetzt zu einem Gelee fest werden, das dauert 2–3 Stunden. In einer Schüssel mit kaltem Wasser die Gelatine für die Puddingcreme einweichen.

Die Milch, die Sahne und ein paar EL des Zuckers mit dem ausgekratzten Vanillemark und den Vanilleschoten in einen Topf mit dickem Boden geben und bei schwacher Hitze bis kurz vor den Siedepunkt erwärmen. Dann den Topf vom Herd nehmen und die Vanille in der Milchsahne zugedeckt 10–15 Minuten ziehen lassen.

Die Eigelbe und den restlichen Zucker in einer großen Schüssel leicht verquirlen.
Die mit Vanille aromatisierte Milchsahne bis kurz vor den Siedepunkt erhitzen und die Mischung unter kräftigem Rühren mit der Ei-Zucker-Mischung vermengen. Das Ganze zurück in den Topf gießen und die Mischung langsam bei niedriger Hitze unter Rühren mit einem Silikonschaber oder einem Kochlöffel erwärmen, bis sie eine Temperatur von etwa 83–85 °C erreicht hat. Sie darf NICHT kochen, sollte aber zu einer dünnen Creme reduziert werden (beobachten Sie, wann die Creme leicht am Silikonschaber hängenbleibt und nicht mehr heruntertropft, dann aufhören).
Den Topf sofort vom Herd ziehen. Die Gelatine aus dem Wasser nehmen, gründlich ausdrücken und zur heißen Creme geben. Umrühren, bis die Gelatine sich aufgelöst hat. Dann die Creme durch ein Sieb in eine Schüssel gießen und leicht abkühlen lassen, bevor sie in den Kühlschrank gestellt wird. Dort soll sie nun erkalten und am Rand der Schüssel leicht fest werden. Das dauert etwa 1–2 Stunden.
Die Sahne leicht steif schlagen und unter die abgekühlte Creme heben – zunächst nur eine kleine Menge, die Sie kräftig unterrühren, damit Sie eine homogene Masse erhalten. Danach können Sie die restliche Sahne behutsam unterheben.
Die Puddingcreme in eine geeignete Form gießen, die Sie vorher mit kaltem Wasser ausgespült haben. Für mindestens 6 Stunden, besser aber über Nacht in den Kühlschrank stellen, bis die Creme fest geworden ist. Anschließend den Pudding aus der Form stürzen. Die Anleitung dafür finden Sie auf den Seiten 34–37.
Den Pudding vor dem Servieren mit frischen Geranienblättern garnieren.

GARNITUREN UND DEKORATION FÜR DEN VANILLEPUDDING *mit* RHABARBERGELEE

- restlicher gebackener Rhabarber + Geranienblätter
- frische Erdbeeren

MANDELPUDDING *mit* PFIRSICHKRONE

Klingt das nicht herrlich? Ein Pudding mit dem Mandelaroma aus meiner Lieblingsmandelessenz, dem Amaretto, und obendrauf eine Geleeschicht aus in Vanille pochierten Pfirsichen. Die Pfirsiche werden so ausgeschnitten, dass sie zum gewölbten Muster der Puddingform passen! Nehmen Sie aromatische, reife Pfirsiche, harte Exemplare eignen sich nicht.

1,5 Liter/8–10 Personen

PFIRSICHKRONE

4 Blatt Gelatine
5 reife Pfirsiche
1 l Wasser
300 g Zucker
1 Vanilleschote
Saft von ½ Zitrone

PUDDINGCREME

7 Blatt Gelatine
8 Eigelb
100 g Zucker
300 ml Sahne
400 ml Vollmilch
75 ml Amaretto
300 ml Schlagsahne

Die Gelatine für die Pfirsichkrone in einer Schüssel mit kaltem Wasser einweichen.
Die reifen Pfirsiche in eine hitzebeständige Schüssel geben, mit kochendem Wasser übergießen und 15 Sekunden stehen lassen. Dann in ein Sieb füllen und mit kaltem Wasser abspülen. Mit einem kleinen Messer die Pfirsiche häuten, halbieren und entsteinen.
1 l Wasser in eine Sautierpfanne oder einen breiten Topf gießen und den Zucker sowie die aufgeschnittene ausgekratzte Vanilleschote samt Mark hinzufügen. Aufkochen, bis sich der Zucker auflöst, dann vorsichtig die Pfirsiche mit der runden Seite nach oben

in den Zuckersud legen. Die Pfirsiche bei schwacher Hitze etwa 15 Minuten pochieren, dann herausnehmen und leicht abkühlen lassen.
300 ml des Zuckersuds abmessen und darin die ausgedrückte Gelatine auflösen. Den Zitronensaft hinzufügen und den Sud durch ein Sieb gießen. Eine kleine Menge des Suds in eine passende Puddingform gießen, nicht höher als 1–2 cm. Die Form in den Kühlschrank stellen, bis die Schicht am Rand ganz leicht zu gelieren beginnt. Den Rest des Gelatinesuds auf der Arbeitsplatte stehen lassen.
Mit einem scharfen Messer die pochierten Pfirsiche in feine Spalten schneiden. Am Boden der leicht gelierten Schicht in der Puddingform die Spalten so arrangieren, dass sie in das Muster der Form passen. Dann die Form für 25–35 Minuten in den Kühlschrank stellen, bis der Sud rund um die Pfirsiche fest geworden ist. Den restlichen Zuckersud mit Gelatine über die Pfirsiche gießen, am besten löffelweise, damit sie nicht durch einen kräftigen Strahl verschoben werden! Die Form zurück in den Kühlschrank stellen. Überschüssige Pfirsiche in eine Schüssel geben und mit ein wenig Zuckersud aus dem Topf bedecken, dann können Sie sie als Garnitur verwenden. Während das Gelee fest wird, bereiten Sie die Puddingcreme zu.

Die Gelatine in einer Schüssel mit kaltem Wasser einweichen.
Die Eigelbe und den Zucker in einer großen Schüssel leicht verquirlen, dabei ein paar EL des Zuckers aufheben.
Die Sahne, die Milch und den restlichen Zucker in einen Topf mit dickem Boden geben und die Milchsahne bis kurz vor den Siedepunkt erhitzen.
Die heiße Milchsahne unter kräftigem Rühren zur Ei-Zucker-Mischung geben. Das Ganze zurück in den Topf gießen und die Mischung langsam bei niedriger Hitze unter Rühren mit einem Silikonschaber oder einem Kochlöffel erwärmen, bis sie eine Temperatur von etwa 83–85 °C erreicht hat. Sie darf NICHT kochen, sollte aber zu einer dünnen Creme reduziert werden (beobachten Sie, wann die Creme leicht am Silikonschaber hängenbleibt und nicht mehr heruntertropft, dann aufhören).
Den Topf sofort vom Herd ziehen. Die Gelatine aus dem Wasser nehmen, gründlich ausdrücken und zur heißen Creme geben. Umrühren, bis die Gelatine sich aufgelöst hat. Den Amaretto einrühren. Dann die Creme durch ein Sieb in eine Schüssel gießen

und leicht abkühlen lassen, bevor Sie sie in den Kühlschrank stellen. Dort soll sie nun erkalten und am Rand der Schüssel leicht fest werden. Das dauert etwa 1–2 Stunden. Die Sahne leicht steif schlagen und unter die abgekühlte Creme heben – zunächst nur eine kleine Menge, die Sie kräftig unterrühren, damit Sie eine homogene Masse erhalten. Danach können Sie die restliche Sahne behutsam unterheben.

Die Puddingcreme in eine geeignete Form gießen, die Sie vorher mit kaltem Wasser ausgespült haben. Für mindestens 6 Stunden, besser aber über Nacht in den Kühlschrank stellen, bis die Creme fest geworden ist. Anschließend den Pudding aus der Form stürzen. Die Anleitung dafür finden Sie auf den Seiten 34–37.

Der Pudding ist an sich schon hübsch genug. Aber vielleicht möchen Sie ihn rund um den Rand mit frischen Himbeeren garnieren, ganz im Pfirsich-Melba-Stil.

GARNITUREN UND DEKORATION FÜR DEN MANDELPUDDING *mit* PFIRSICHKRONE

- restliche pochierte Pfirsiche und frische Himbeeren
- Vanillesauce (siehe Seite 147)
- in Rosenwasser geschwenkte Himbeeren (siehe Seite 144) + weiße Rosen, Nelken oder Pfingstrosen (siehe wichtige Info auf Seite 33)

BUTTERMILCHPUDDING

Ein herrliches Sommerdessert: Dieser Pudding schmeckt nach Vollmilch, Vanille und Zitrone. Wir bewegen uns im Genre der Buttermilch-Kaltschale, und alles, was zu diesem traditionellen dänischen Dessert gut schmeckt, passt auch hier. Frische Beeren, Kompotte – und natürlich die knusprigen Kammerjunker-Kekse. Ich habe die luftig geschlagene Sahne weggelassen, um eine ganz glatte und kompakte Konsistenz zu erhalten. Der Buttermilchpudding ist ein Klassiker, er ist mir in mehreren Versionen begegnet, auch schon ohne Eier. Dann handelt es sich aber eher um Buttermilch-Pannacotta. Das ist sicher lecker, aber bei Pudding geht nichts über den cremigen Geschmack der Eigelbe!

1,5 Liter/8–10 Personen

PUDDINGCREME

8 Blatt Gelatine
600 ml Sahne
180 g Zucker
2 Vanilleschoten
1 ½–2 Bio-Zitronen (Abrieb von 1 Zitrone + 100 ml Saft)
12 Eigelb
500 ml Buttermilch

Die Gelatine in einer Schüssel mit kaltem Wasser einweichen.
Die Sahne mit ein paar EL mit Zucker vermischtem Vanillemark, den Vanilleschoten und dem Abrieb einer Zitrone in einen Topf mit dickem Boden geben und unter Rühren bis kurz vor den Siedepunkt erhitzen. Den Topf vom Herd nehmen und zugedeckt 10–15 Minuten ziehen lassen.
Die Eigelbe und den restlichen Zucker in einer großen Schüssel leicht verquirlen.
Die aromatisierte Sahne bis kurz vor den Siedepunkt erhitzen und unter kräftigem Rühren zur Ei-Zucker-Mischung geben. Die Masse zurück in den Topf gießen und langsam bei niedriger Hitze unter Rühren mit einem Silikonschaber oder einem Kochlöffel erwärmen, bis sie eine Temperatur von etwa 83–85 °C erreicht hat. Sie darf NICHT kochen, sollte aber zu einer dünnen Creme reduziert werden (beobachten Sie, wann

die Creme leicht am Silikonschaber hängenbleibt und nicht mehr heruntertropft, dann aufhören).
Den Topf sofort vom Herd ziehen. Die Gelatine aus dem Wasser nehmen, gründlich ausdrücken und zur heißen Creme geben. Umrühren, bis die Gelatine sich aufgelöst hat. Die Buttermilch und den Zitronensaft hinzufügen, dann die Creme durch ein Sieb in eine Schüssel gießen und leicht abkühlen lassen, bevor sie in den Kühlschrank gestellt wird. Dort soll sie nun erkalten und am Rand der Schüssel leicht fest werden. Das dauert etwa 1–2 Stunden.
Die Creme umrühren, damit sich das Vanillemark vor dem Einfüllen in die Form verteilt.

Die Puddingcreme in eine geeignete Form gießen, die Sie vorher mit kaltem Wasser ausgespült haben. Für mindestens 6 Stunden, besser aber über Nacht in den Kühlschrank stellen, bis die Creme fest geworden ist. Anschließend den Pudding aus der Form stürzen. Die Anleitung dafür finden Sie auf den Seiten 34–37.

Zum Schluss den Pudding mit Früchten oder Beeren, die Sie dazu servieren möchten, garnieren.

GARNITUREN UND DEKORATION FÜR DEN BUTTERMILCHPUDDING

- gebackener Rhabarber mit Erdbeeren (siehe Seite 146) + ganze Erdbeeren
- Stachelbeersauce (siehe Seite 151) + Holunderblüten
- Kirschsauce (siehe Seite 144) + Maraschino-Kirschen
- gezuckerte Johannisbeeren (siehe Seite 150) + Johannisbeerrispen

FALSCHER SAGO-PUDDING *mit* KOKOS

Als ich ein Kind war, kochte meine Mutter hin und wieder gelbe Sago-Suppe mit Eigelb, Zitrone und einer Füllung aus ganzen Backpflaumen. Das klingt wahrscheinlich nach einem Gericht aus den Fünfzigerjahren, und ich war ja ein Kind der Achtziger. Aber ich hatte das Glück, eine Mutter zu haben, die ihr traditionelles Dessertrepertoire beherrschte. Ich liebe das Gefühl, wenn die kleinen Sago-Perlen so herrlich auf der Zunge herumrollen. Daher fand ich es schrecklich herauszufinden, dass sie in Dänemark vom Markt genommen wurden. Die Kartoffelmehlfabrik, welche die Perlen produzierte, hatte nicht genug Nachfrage, um die Produktion aufrechtzuerhalten. Trotzdem habe ich einen „Sago"-Pudding entwickelt. Vielleicht können wir so eine neue Nachfrage schaffen. Und bis dahin verwende ich Tapioka-Perlen aus einem Asiasupermarkt als Ersatz. Jetzt wo die Stärke aus Maniok-/Cassava-Wurzeln und nicht aus Kartoffelmehl die kleinen Perlen zusammenhält, musste ich ihn auch asiatisch abschmecken – mit Kokos und Limette.

1,5 Liter/8–10 Personen

PUDDINGCREME

5 Blatt Gelatine
600 ml Vollmilch
1 Dose Kokosmilch (400 ml)
100 g Tapioka-Flocken
4 Eigelb
100 g Zucker
Abrieb von 1 Bio-Limette
Saft von 2 kleinen Limetten
200 ml Schlagsahne

Die Gelatine in einer Schüssel mit kaltem Wasser einweichen.
Die Milch, die Kokosmilch und die Tapioka-Flocken in einen Topf mit dickem Boden geben. Bei schwacher Hitze 10–12 Minuten zu einem cremigen Brei einkochen. Den Brei

vom Herd nehmen und leicht abkühlen lassen. Die Gelatine aus dem Wasser nehmen, gründlich ausdrücken und in den heißen Brei einrühren.
Die Eigelbe mit dem Zucker schaumig rühren und zusammen mit dem Limettenabrieb und -saft verrühren. Den Brei im Kühlschrank abkühlen lassen, jedoch nicht zu lange, weil er schnell fest wird.
Die Sahne leicht steif schlagen und unter den abgekühlten Brei heben – zunächst nur eine kleine Menge, die Sie kräftig unterrühren, damit Sie eine homogene Masse erhalten. Danach können Sie die restliche Sahne behutsam unterheben.

Die Puddingcreme in eine geeignete Form gießen, die Sie vorher mit kaltem Wasser ausgespült haben. Für mindestens 6 Stunden, besser aber über Nacht in den Kühlschrank stellen, bis der Pudding fest geworden ist. Anschließend aus der Form stürzen. Die Anleitung dafür finden Sie auf den Seiten 34–37.

Zum Schluss den Pudding passend zum Anlass mit Sahnehäubchen, Kokos und evtl. Früchten oder Beeren garnieren.

GARNITUREN UND DEKORATION FÜR DEN FALSCHEN „SAGO"-PUDDING *mit* KOKOS

- Bananen-Passionsfrucht-Kompott (siehe Seite 142) + Späne von frischer Kokosnuss
- Schokosauce (siehe Seite 150) + Sahnehäubchen und geröstete Kokosflocken
- Kirschsauce (siehe Seite 144) + Maraschino-Kirschen
- frische Mango + Späne von frischer Kokosnuss

DIPLOMATENPUDDING

Vanille-Schichtpudding mit kandierten Früchten und Makronen: Das ist ein „Diplomatenpudding". So etwas wie ein festes Trifle, traditionell mit Korinthen, Rosinen, Pomeranzen und anderen kostbaren Zutaten zubereitet. In meiner Version sind es Backpflaumen, Armagnac und Maraschino-Kirschen, welche die Diplomatie ausmachen. Früher hätte man eine mit Kartoffelmehl abgebundene Saftsauce oder Cremesauce dazu serviert, doch ich ziehe etwas Schlagsahne vor. Benötigen Sie eine zusätzliche Beilage, können Kirschsauce oder frische Kirschen sich dieser Aufgabe annehmen.

1,5 Liter/8–10 Personen

PUDDINGCREME

7 Blatt Gelatine
400 ml Vollmilch
300 ml Sahne
160 g Zucker
2 Vanilleschoten
8 Eigelb
2 EL Armagnac
300 ml Schlagsahne

FÜLLUNG

150 g weiche Backpflaumen
50 g Maraschino-Kirschen
75 g Makronen
50 ml Armagnac

Die Gelatine in einer Schüssel mit kaltem Wasser einweichen.
Die Milch, die Sahne und ein paar EL des Zuckers mit dem ausgekratzten Vanillemark und den Vanilleschoten in einen Topf mit dickem Boden geben und bei schwacher Hitze bis kurz vor den Siedepunkt erwärmen. Dann den Topf vom Herd nehmen und die Vanille in der Milchsahne zugedeckt 10–15 Minuten ziehen lassen.
Die Eigelbe und den restlichen Zucker in einer großen Schüssel leicht verquirlen.
Die mit Vanille aromatisierte Milchsahne bis kurz vor den Siedepunkt erhitzen und dann unter kräftigem Rühren mit der Ei-Zucker-Mischung vermengen. Das Ganze zurück in den Topf gießen und die Mischung langsam bei niedriger Hitze unter Rühren

mit einem Silikonschaber oder einem Kochlöffel erwärmen, bis sie eine Temperatur von etwa 83–85 °C erreicht hat. Sie darf NICHT kochen, sollte aber zu einer dünnen Creme reduziert werden (beobachten Sie, wann die Creme leicht am Silikonschaber hängenbleibt und nicht mehr heruntertropft, dann aufhören).
Den Topf sofort vom Herd ziehen. Die Gelatine aus dem Wasser nehmen, gründlich ausdrücken und zur heißen Creme geben. Umrühren, bis die Gelatine sich aufgelöst hat. Dann die Creme durch ein Sieb in eine Schüssel gießen, den Armagnac einrühren und die Creme leicht abkühlen lassen, bevor sie in den Kühlschrank gestellt wird. Dort soll sie nun erkalten und am Rand der Schüssel leicht fest werden. Das dauert etwa 1–2 Stunden.
Die Sahne leicht steif schlagen und unter die abgekühlte Creme heben – zunächst nur eine kleine Menge, die Sie kräftig unterrühren, damit Sie eine homogene Masse erhalten. Danach können Sie die restliche Sahne behutsam unterheben.
Die Puddingcreme zurück in den Kühlschrank stellen und noch etwas fester werden lassen, sonst sinkt die Füllung auf den Grund des Puddings.
Die Backpflaumen in mundgerechte Stücke schneiden und die Stiele von den Maraschino-Kirschen entfernen. Die Makronen grob zerbröseln, in einen tiefen Teller geben und mit Armagnac beträufeln.

Etwas von der Puddingcreme in eine geeignete Form gießen, die Sie vorher mit kaltem Wasser ausgespült haben. Eine Schicht Pflaumen, Kirschen und Makronen darauflegen, wieder etwas Creme daraufgeben und mit den Zutaten wie bei einem Trifle weiterschichten. Mit Puddingcreme abschließen.
Die Form für mindestens 6 Stunden, besser aber über Nacht in den Kühlschrank stellen, bis der Pudding ganz fest ist. Anschließend den Pudding aus der Form stürzen. Die Anleitung dafür finden Sie auf den Seiten 34–37.

Zum Schluss den Pudding mit Backpflaumen und eventuell Maraschino-Kirschen garnieren.

GARNITUREN UND DEKORATION FÜR DEN DIPLOMATENPUDDING

- mit Armagnac beträufelte Backpflaumen + Maraschino-Kirschen
- Backpflaumen in Earl Grey (siehe Seite 148) + Sahnehäubchen
- Kirschsauce (siehe Seite 144) + Maraschino-Kirschen

ZITRONENPUDDING

Wenn Sie Zitronenschaumspeise mögen, werden Sie diesen Pudding lieben. Er ist nicht so luftig wie seine Schaumspeisen-Verwandtschaft und wackelt mehr. Und er hat diese schöne Ausgewogenheit zwischen Säure, Süße und Cremegeschmack. Im Februar und März, wenn Bergamotten Saison haben, ersetze ich die Zitronen und koche den besten Bergamotte-Pudding, der nach Citrus und Earl-Grey-Tee-Aroma schmeckt und mich an die Eibisch-Bonbons erinnert, die ich als Kind in mich hineingeschüttet habe. Ich serviere den Pudding mit geschlagener Sahne oder Baisers – und wenn es ganz besonders werden soll, mit Salzkaramellsauce, die schön mit der Säure kontrastiert!

1,2 Liter/6–8 Personen

PUDDINGCREME

7 Blatt Gelatine
8 Eigelb
180 g Zucker
400 ml Vollmilch
300 ml Sahne
Saft von 3 Zitronen (120 ml Saft)
Abrieb von 1 Bio-Zitrone
300 ml Schlagsahne

Die Gelatine in einer großen Schüssel in kaltem Wasser einweichen.
Die Eigelbe und den Zucker in einer weiteren großen Schüssel leicht verquirlen, dabei ein paar EL des Zuckers aufheben.
Die Milch, die Sahne und den restlichen Zucker in einen Topf mit dickem Boden geben und unter Rühren bis kurz vor den Siedepunkt erhitzen.
Die heiße Milchsahne unter kräftigem Rühren mit der Ei-Zucker-Mischung vermengen. Das Ganze zurück in den Topf gießen und die Mischung langsam bei niedriger Hitze unter Rühren mit einem Silikonschaber oder einem Kochlöffel erwärmen, bis sie eine Temperatur von etwa 83–85 °C erreicht hat. Sie darf NICHT kochen, sollte aber zu einer dünnen Creme reduziert werden (beobachten Sie, wann die Creme leicht am Silikonschaber hängenbleibt und nicht mehr heruntertropft, dann aufhören).

Den Topf sofort vom Herd ziehen. Die Gelatine aus dem Wasser nehmen, gründlich ausdrücken und zur heißen Creme geben. Umrühren, bis die Gelatine sich aufgelöst hat. Dann die Creme durch ein Sieb in eine Schüssel gießen und leicht abkühlen lassen, bevor Sie den Zitronensaft und den -abrieb hineinrühren. Die Creme in den Kühlschrank stellen. Dort soll sie nun erkalten und am Rand der Schüssel leicht fest werden. Das dauert etwa 1–2 Stunden. Zwischendurch ein paarmal umrühren, damit der Zitronensaft sich nicht absetzt.
Die Sahne leicht steif schlagen und unter die abgekühlte Creme heben – zunächst nur eine kleine Menge, die Sie kräftig unterrühren, damit Sie eine homogene Masse erhalten. Danach können Sie die restliche Sahne behutsam unterheben.

Die Puddingcreme in eine geeignete Form gießen, die Sie vorher mit kaltem Wasser ausgespült haben. Für mindestens 6 Stunden, besser aber über Nacht in den Kühlschrank stellen, bis die Creme fest geworden ist. Anschließend den Pudding aus der Form stürzen. Die Anleitung dafür finden Sie auf den Seiten 34–37.

Zuletzt mit Sahnehäubchen oder Baisers (siehe Tipp) sowie kleinen Gänseblümchen oder Kumquat-Scheiben garnieren.

Tipp

Wenn Sie einen Flambierbrenner besitzen, können Sie dem Pudding das Aussehen einer französischen Zitronentarte verleihen: 2 Eiweiße bei mittlerer Geschwindigkeit schaumig rühren. Wenn sich weiche Spitzen bilden, 120 g weißen Zucker löffelweise hinzufügen und weiter bei mittlerer Geschwindigkeit rühren, bis sämtlicher Zucker aufgebraucht und das Baiser glänzend und steif ist. Mit einem Spritzbeutel die Baisers kurz vor dem Servieren auf den Pudding setzen und kurz mit dem Brenner behandeln, sodass sie etwas Farbe bekommen. Den restlichen Eischnee zu Baisers verarbeiten – es ist einfach nicht möglich, weniger Ei zu verarbeiten!

GARNITUREN UND DEKORATION FÜR DEN ZITRONENPUDDING

- Baisers oder Sahnehäubchen (siehe Tipp) + Gänseblümchen (siehe wichtige Info auf Seite 33)
- Orangensalat mit Orangenblüten und Kakaonibs (siehe Seite 152) + Kumquat-Scheiben
- Salzkaramellsauce (siehe Seite 143)
- Backpflaumen in Earl Grey (siehe Seite 148) + Sahnehäubchen

ERDBEERPUDDING *mit* VANILLE

Ein hellrosa Pudding, der nach Sommer, Sonne und Erdbeerkuchen mit Buttercreme schmeckt. Wenn Sie Letzteres noch betonen möchten, servieren Sie den Erdbeerpudding mit warmer Schokosauce. Wenn nicht, nehmen Sie frische Beeren oder Rhabarberkompott! Im Übrigen können Sie aus dem gleichen Rezept einen wunderbaren Himbeerpudding kochen. Dann sollten Sie aber weniger Zitronensaft nehmen, da Himbeeren mehr Säure enthalten als Erdbeeren.

1,7 Liter/10–12 Personen

PUDDINGCREME

7 Blatt Gelatine
400 ml Vollmilch
300 ml Sahne
190 g Zucker
2 Vanilleschoten
8 Eigelb
300 ml Schlagsahne

ERDBEERPÜREE

400 g reife Erdbeeren
Saft von ca. ½ Zitrone

Die Gelatine in einer Schüssel mit kaltem Wasser einweichen.

Die Milch, die Sahne und ein paar EL des Zuckers mit dem ausgekratzten Vanillemark und den Vanilleschoten in einen Topf mit dickem Boden geben und bei schwacher Hitze bis kurz vor den Siedepunkt erwärmen. Dann den Topf vom Herd nehmen und die Vanille in der Milchsahne zugedeckt 10–15 Minuten ziehen lassen.

Die Eigelbe und den restlichen Zucker in einer großen Schüssel leicht verquirlen.

Die mit Vanille aromatisierte Milchsahne bis kurz vor den Siedepunkt erhitzen und dann unter kräftigem Rühren mit der Ei-Zucker-Mischung vermengen. Das Ganze zurück in den Topf gießen und die Mischung langsam bei niedriger Hitze unter Rühren mit einem Silikonschaber oder einem Kochlöffel erwärmen, bis sie eine Temperatur

von etwa 83–85 °C erreicht hat. Sie darf NICHT kochen, sollte aber zu einer dünnen Creme reduziert werden (beobachten Sie, wann die Creme leicht am Silikonschaber hängenbleibt und nicht mehr heruntertropft, dann aufhören).
Den Topf sofort vom Herd ziehen. Die Gelatine aus dem Wasser nehmen, gründlich ausdrücken und zur heißen Creme geben. Umrühren, bis die Gelatine sich aufgelöst hat. Dann die Creme durch ein Sieb in eine Schüssel gießen.
Die Creme in den Kühlschrank stellen. Dort soll sie nun erkalten und am Rand der Schüssel leicht fest werden. Das dauert etwa 1–2 Stunden.
Die Erdbeeren waschen, putzen und die Früchte mit dem Zitronensaft im Mixer zu einem glatten Püree verarbeiten. Das Erdbeerpüree unter die Creme rühren, ggf. kurz mit dem Stabmixer pürieren, damit die Masse schön glatt und fein ist.
Die Sahne leicht steif schlagen und unter die abgekühlte Creme heben – zunächst nur eine kleine Menge, die Sie kräftig unterrühren, damit Sie eine homogene Masse erhalten. Danach können Sie die restliche Sahne behutsam unterheben.

Die Puddingcreme in eine geeignete Form gießen, die Sie vorher mit kaltem Wasser ausgespült haben. Für mindestens 6 Stunden, besser aber über Nacht in den Kühlschrank stellen, bis die Creme fest geworden ist. Anschließend den Pudding aus der Form stürzen. Die Anleitung dafür finden Sie auf den Seiten 34–37.

Zuletzt den Pudding mit Sahnehäubchen, frischen Erdbeeren und essbaren Blüten garnieren.

GARNITUREN UND DEKORATION FÜR DEN ERDBEERPUDDING *mit* VANILLE

- Sahnehäubchen, frische Erdbeeren + Holunderblüten
- Vanillesauce (siehe Seite 147) + frische Erdbeeren und Zitronenmelisse
- gebackener Rhabarber mit Erdbeeren (siehe Seite 146) + Rosen
- Schokosauce (siehe Seite 150) + frische Erdbeeren

SALZKARAMELLPUDDING

Karamell ist so lecker! Doch das süße Röstaroma schmeckt noch intensiver, wenn es mit einer Prise Meersalz versehen wird. Wenn ich Lust auf die gewöhnliche amerikanische Version habe, garniere ich den Pudding mit der weltbesten Salzkaramellsauce und einem Gipfel aus knusprigem Karamellpopcorn. Wenn es nicht ganz so gewöhnlich sein soll, garniere ich mit ... Wem will ich etwas vormachen? Bei Salzkaramellpudding geht nichts über die amerikanische Version!

1,2 Liter/6–8 Personen

KARAMELLSIRUP

6 Blatt Gelatine
½ TL Meersalz
200 ml kochendes Wasser
100 g Zucker

PUDDINGCREME

8 Eigelb
70 g brauner Farinzucker
300 ml Vollmilch
200 Sahne
250 ml Schlagsahne

Die Gelatine in einer Schüssel mit kaltem Wasser einweichen.
Das Meersalz in einem kleinen Gefäß oder einer Schüssel in kochendem Wasser auflösen.
Den Zucker für das Karamell in eine trockene Sautierpfanne oder Bratpfanne schütten und zu hellbraunem Karamell schmelzen. Dann die Pfanne vom Herd nehmen und vorsichtig das Salzwasser hineingießen. Achtung, das spritzt! Zu einem Karamellsirup ohne Zuckerklumpen einkochen lassen. Den Sirup in eine Schüssel oder einen Messbecher mit Ausgießer füllen und etwas abkühlen lassen.
Die Gelatine aus dem Wasser nehmen, gründlich ausdrücken und in den warmen Karamellsirup geben. Das Ganze schwenken, bis die Gelatine sich auflöst. Den Sirup zur Seite stellen.

Jetzt die Creme zubereiten. In einer großen Schüssel die Eigelbe und den Farinzucker leicht verquirlen, dabei 1 EL des Zuckers aufheben.
Die Milch, die Sahne und den restlichen Farinzucker in einen Topf mit dickem Boden geben und bei schwacher Hitze bis kurz vor den Siedepunkt erwärmen.
Unter kräftigem Rühren die heiße Milchsahne mit der Ei-Farinzucker-Mischung vermengen. Das Ganze zurück in den Topf gießen und die Mischung langsam bei niedriger Hitze unter Rühren mit einem Silikonschaber oder einem Kochlöffel erwärmen, bis sie eine Temperatur von etwa 83–85 °C erreicht hat. Sie darf NICHT kochen, sollte aber zu einer dünnen Creme reduziert werden (beobachten Sie, wann die Creme leicht am Silikonschaber hängenbleibt und nicht mehr heruntertropft, dann aufhören).
Den Topf sofort vom Herd ziehen. Den Karamellsirup hinzufügen und in die Creme einrühren. Dann die Creme durch ein Sieb in eine Schüssel geben und leicht abkühlen lassen, bevor sie in den Kühlschrank gestellt wird. Dort soll sie nun erkalten und am Rand der Schüssel leicht fest werden. Das dauert etwa 1–2 Stunden.
Die Sahne leicht steif schlagen und unter die abgekühlte Creme heben – zunächst nur eine kleine Menge, die Sie kräftig unterrühren, damit Sie eine homogene Masse erhalten. Danach können Sie die restliche Sahne behutsam unterheben.

Die Puddingcreme in eine geeignete Form gießen, die Sie vorher mit kaltem Wasser ausgespült haben. Für mindestens 6 Stunden, besser aber über Nacht in den Kühlschrank stellen, bis die Creme fest geworden ist. Anschließend den Pudding aus der Form stürzen. Die Anleitung dafür finden Sie auf den Seiten 34–37.

Den Pudding mit einem Überzug aus Salzkaramellsauce/Schokosauce oder Karamellpopcorn garnieren.

GARNITUREN UND DEKORATION FÜR DEN SALZKARAMELLPUDDING

- Salzkaramellsauce (siehe Seite 143) + salziges Karamellpopcorn (siehe Seite 111)
- Schokosauce (siehe Seite 150) + Bananen und salzige geröstete Erdnüsse
- Salzkaramellsauce (siehe Seite 143) + Bananen-Passionsfruchtkompott (siehe Seite 142)

SALZIGES KARAMELLPOPCORN

60 g Popcornmais
90 g Butter
110 g brauner Farinzucker
½ TL Meersalz
¼ TL Backpulver

Zunächst das Popcorn nach Packungsanweisung zubereiten oder eine Tüte leckeres fertiges Popcorn kaufen.
Den Ofen auf 125 °C vorheizen.
Die Butter, den Farinzucker und das Salz in einen großen Topf mit dickem Boden geben und kochen, bis der Zucker mit der Butter verschmolzen ist und die Mischung blubbert. Das Backpulver hinzufügen und rasch das Popcorn unter das Karamell heben, sodass alles gleichmäßig bedeckt ist. Das Popcorn auf einem mit Backpapier ausgelegten Backblech ausbreiten und im heißen Ofen ca. 45 Minuten backen, bis es knusprig und trocken ist.
Dann das Popcorn aus dem Ofen nehmen, abkühlen lassen und luftdicht aufbewahren, bis Sie es verwenden.

JOHANNISBEERPUDDING

Johannisbeeren können beinahe das gleiche wie Zitrusfrüchte, nämlich ganz viel aromatische Säure liefern, was sich zu schweren, sahnigen Cremedesserts besonders gut macht. Ich musste also einfach diesen Pudding kochen. Eigentlich wollte ich ihn als traditionellen Saftpudding zubereiten, mit einem guten Johannisbeersaft als Grundlage. Aber es ist fast unmöglich, einen ordentlichen Johannisbeersaft zu bekommen, wenn man ihn nicht selbst kocht. Außerdem ist er mindestens genauso lecker und viel leichter mit ganz frischen, säuerlichen Beeren. Wenn Sie den Pudding darüber hinaus noch aromatisieren möchten, können Sie Vanille, Geranienblätter oder Zitronenverbene in der Milchsahne erwärmen und ein wenig ziehen lassen, bevor Sie die Milchsahne erneut erhitzen und für die Puddingcreme verwenden.

1,2 Liter/6–8 Personen

PUDDINGCREME

7 Blatt Gelatine
8 Eigelb
180 g Zucker
400 ml Vollmilch
300 ml Sahne
300 g Johannisbeeren
Saft von ½ Zitrone
300 ml Schlagsahne

Die Gelatine in einer Schüssel mit kaltem Wasser einweichen.
Die Eigelbe und den Zucker in einer weiteren großen Schüssel leicht verquirlen, dabei ein paar EL des Zuckers aufheben.
Die Milch, die Sahne und den restlichen Zucker in einen Topf mit dickem Boden geben und unter Rühren bis kurz vor den Siedepunkt erhitzen.
Unter kräftigem Rühren die heiße Milchsahne mit der Ei-Zucker-Mischung vermengen. Das Ganze zurück in den Topf gießen und die Mischung langsam bei niedriger Hitze unter Rühren mit einem Silikonschaber oder einem Kochlöffel erwärmen, bis sie eine Temperatur von etwa 83–85 °C erreicht hat. Sie darf NICHT kochen, sollte aber zu einer

dünnen Creme reduziert werden (beobachten Sie, wann die Creme leicht am Silikonschaber hängenbleibt und nicht mehr heruntertropft, dann aufhören).
Den Topf sofort vom Herd ziehen. Die Gelatine aus dem Wasser nehmen, gründlich ausdrücken und zur heißen Creme geben. Umrühren, bis die Gelatine sich aufgelöst hat. Dann die Creme durch ein Sieb in eine Schüssel gießen und leicht abkühlen lassen. Währenddessen die Johannisbeeren entrispen und mit dem Zitronensaft in einen Mixer geben. Zu einem Püree verarbeiten und durch ein Sieb streichen. Verwenden Sie die Rückseite eines Löffels, um den Saft und das Püree durch das Drahtnetz zu streichen. Das Johannisbeerpüree in die Puddingcreme einrühren und das Ganze in den Kühlschrank stellen. Dort soll die Creme nun erkalten und am Rand der Schüssel leicht fest werden. Das dauert etwa 1–2 Stunden.
Die Sahne leicht steif schlagen und unter die abgekühlte Creme heben – zunächst nur eine kleine Menge, die Sie kräftig unterrühren, damit Sie eine homogene Masse erhalten. Danach können Sie die restliche Sahne behutsam unterheben.

Die Puddingcreme in eine geeignete Form gießen, die Sie vorher mit kaltem Wasser ausgespült haben. Für mindestens 6 Stunden, besser aber über Nacht in den Kühlschrank stellen, bis die Creme fest geworden ist. Anschließend den Pudding aus der Form stürzen. Die Anleitung dafür finden Sie auf den Seiten 34–37.

Zuletzt mit Sahnehäubchen, Johannisbeerrispen, Johannisbeergelee o. Ä. garnieren.

GARNITUREN UND DEKORATION FÜR DEN JOHANNISBEERPUDDING

- Baisers (siehe Seite 102) + frische Johannisbeeren
- Sahnehäubchen und Johannisbeergelee
- Salzkaramellsauce (siehe Seite 143) + frische Johannisbeeren
- Vanillesauce (siehe Seite 147) + gezuckerte Johannisbeeren (siehe Seite 150)

GESTREIFTER PUDDING *mit* VANILLE UND KIRSCHEN

Pudding und Kirschen passen unheimlich gut zusammen. Ein klassischer Mandel- oder Vanillepudding mit Kirschsauce ist eines der besten Desserts, die es gibt, und wenn man die beiden Zutaten kombiniert, versteht sich beinahe von selbst, dass das Ergebnis lecker wird. Wer wäre nicht glücklich über einen rot-weiß-gestreiften Geburtstagspudding aus Kirschgelee und Vanillecreme? Nehmen Sie eine hohe und große Form, damit die Schichten des Puddings gut zu sehen sind. Der Pudding ist zwar nicht schwer zuzubereiten, braucht aber ein wenig Zeit, da er Schicht für Schicht fest werden muss. Seien Sie also gewarnt. Außerdem müssen Sie vorsichtig sein, wenn Sie den Pudding stürzen, und darauf achten, dass Pudding und Gelee sich aus der Form lösen (mithilfe eines warmen Tauchbads, siehe Seite 35–36), bevor Sie ihn zu stark schütteln. Sonst riskieren Sie, dass sich die Schichten trennen.

1,7 Liter/10–12 Personen

KIRSCHGELEE

7 Blatt Gelatine

600 ml guter, nicht verdünnter Kirschsaft (alternativ Saft von Kirschen im Glas)

VANILLEPUDDING

7 Blatt Gelatine

300 ml Sahne

400 ml Vollmilch

160 g Zucker

2 Vanilleschoten

8 Eigelb

300 ml Schlagsahne

Zunächst 2 der 7 Blatt Gelatine für das Gelee in einer Schüssel mit kaltem Wasser einweichen. 200 ml Kirschsaft in einem kleinen Topf erwärmen und die ausgedrückte

Gelatine hineinrühren. Den Saft in eine große Puddingform gießen und für 1–2 Stunden in den Kühlschrank stellen, bis der Saft zu einem weichen Gelee geworden ist.
Die Gelatine für den Vanillepudding in einer Schüssel mit kaltem Wasser einweichen.
Die Sahne, die Milch und ein paar EL des Zuckers mit dem ausgekratzten Vanillemark und den Vanilleschoten in einen Topf mit dickem Boden geben und bei schwacher Hitze bis kurz vor den Siedepunkt erwärmen. Dann den Topf vom Herd nehmen und die Vanille in der Milchsahne zugedeckt 10–15 Minuten ziehen lassen.
Die Eigelbe und den restlichen Zucker in einer großen Schüssel leicht verquirlen.
Die mit Vanille aromatisierte Milchsahne erneut bis kurz vor den Siedepunkt erhitzen und unter kräftigem Rühren mit der Ei-Zucker-Mischung vermengen. Das Ganze zurück in den Topf gießen und die Mischung langsam bei niedriger Hitze unter Rühren mit einem Silikonschaber oder einem Kochlöffel erwärmen, bis sie eine Temperatur von etwa 83–85 °C erreicht hat. Sie darf NICHT kochen, sollte aber zu einer dünnen Creme reduziert werden (beobachten Sie, wann die Creme leicht am Silikonschaber hängenbleibt und nicht mehr heruntertropft, dann aufhören).
Den Topf sofort vom Herd ziehen. Die Gelatine aus dem Wasser nehmen, gründlich ausdrücken und zur heißen Creme geben. Umrühren, bis die Gelatine sich aufgelöst hat. Dann die Creme durch ein Sieb in eine Schüssel gießen und leicht abkühlen lassen, bevor sie in den Kühlschrank gestellt wird. Dort soll sie nun erkalten und am Rand der Schüssel leicht fest werden. Das dauert etwa 1–2 Stunden.
Die Sahne leicht steif schlagen und unter die abgekühlte Creme heben – zunächst nur eine kleine Menge, die Sie kräftig unterrühren, damit Sie eine homogene Masse erhalten. Danach können Sie die restliche Sahne behutsam unterheben.
Die Puddingcreme auf das Kirschgelee in die Form gießen und in den Kühlschrank stellen, bis die Creme fast vollständig fest geworden ist. Das dauert etwa 3–4 Stunden.

Jetzt die restlichen 5 Blatt Gelatine für das Gelee in einer Schüssel mit kaltem Wasser einweichen.
200 ml der verbleibenden 400 ml Kirschsaft in einem kleinen Topf erwärmen und die ausgedrückte Gelatine hineinrühren, bis sie sich auflöst. Den Saft in eine Schüssel gie-

ßen und mit den restlichen 200 ml Kirschsaft mischen. Das Ganze abkühlen lassen, bis es am Rand der Schüssel ganz leicht fest zu werden beginnt, dann über die erkaltete Puddingcreme gießen. Die Form für 4–6 Stunden oder über Nacht in den Kühlschrank stellen.

Anschließend den Pudding aus der Form stürzen. Die Anleitung dafür finden Sie auf den Seiten 34–37.

Je nach Anlass den Pudding mit Fähnchen, Kirschen o. Ä. garnieren.

GARNITUREN UND DEKORATION FÜR DEN GESTREIFTEN PUDDING *mit* VANILLE UND KIRSCHEN

- Vanillesauce (siehe Seite 147) + eingelegte Kirschen
- Kirschsauce (siehe Seite 144) + Maraschino-Kirschen
- Sahnehäubchen + Papierfähnchen
- frische Kirschen + Schleierkraut (siehe wichtige Info auf Seite 33)

Tipp

Wenn Sie den Saft von eingelegten Dessertkirschen verwenden, können Sie einige Kirschen in das Gelee geben. Lassen Sie das Gelee zunächst am Rand der Form etwas fest werden, bevor Sie die Kirschen hineinlegen.

BROMBEERPUDDING

Ich bin auf einem kleinen Bauernhof auf Südfünen aufgewachsen, mit wild wuchernden Brombeerbüschen an der Steinmauer, die das Grundstück meiner Eltern von dem des Nachbarn trennte. Eine feste Aufgabe im Herbst sah vor, dass die ganze Familie auf der Mauer herumkletterte und große Mengen an Beeren für Marmelade und das Haus- und Hof-Dessert meiner Mutter pflückte: die Brombeertorte, bestehend aus einem Mürbeteigboden und Brombeercreme, garniert mit ganzen Früchten. Es ist nicht schwer, Parallelen zwischen den besten Geschmackserlebnissen meiner Kindheit und dem, was ich jetzt als Erwachsene am liebsten mag, zu ziehen. Und jetzt wissen Sie auch, warum ich einen Brombeerpudding einfach in dieses Buch aufnehmen musste …

1,7 Liter/10–12 Personen

PUDDINGCREME

400 g gefrorene oder frische Brombeeren
Saft von 1 Zitrone (50 ml Saft)
8 Blatt Gelatine
400 ml Vollmilch
300 ml Sahne
190 g Zucker
2 Vanilleschoten
8 Eigelb
300 ml Schlagsahne

Wenn Sie tiefgekühlte Beeren verwenden, lassen Sie sie in einem Topf etwas antauen, bevor Sie sie kurz aufkochen. Frische Brombeeren müssen nur gewaschen werden. Frische/aufgekochte Beeren mit dem Zitronensaft in einem Mixer füllen. Kurz pürieren und die Mischung durch ein Sieb in eine Schüssel geben, dabei mit der Rückseite eines Löffels Saft und Fruchtfleisch durch das Sieb passieren.

Die Gelatine in einer Schüssel mit kaltem Wasser einweichen.

Die Milch, die Sahne und ein paar EL des Zuckers mit dem ausgekratzten Vanillemark und den Vanilleschoten in einen Topf mit dickem Boden geben und bei schwacher Hitze bis kurz vor den Siedepunkt erwärmen. Dann den Topf vom Herd nehmen und die Vanille in der Milchsahne zugedeckt 10–15 Minuten ziehen lassen.

Die Eigelbe und den restlichen Zucker in einer großen Schüssel leicht verquirlen.
Die mit Vanille aromatisierte Milchsahne erneut bis kurz vor den Siedepunkt erhitzen und unter kräftigem Rühren mit der Ei-Zucker-Mischung vermengen. Das Ganze zurück in den Topf gießen und die Mischung langsam bei niedriger Hitze unter Rühren mit einem Silikonschaber oder einem Kochlöffel erwärmen, bis sie eine Temperatur von etwa 83–85 °C erreicht hat. Sie darf NICHT kochen, sollte aber zu einer dünnen Creme reduziert werden (beobachten Sie, wann die Creme leicht am Silikonschaber hängenbleibt und nicht mehr heruntertropft, dann aufhören).
Den Topf sofort vom Herd ziehen. Die Gelatine aus dem Wasser nehmen, gründlich ausdrücken und zur heißen Creme geben. Umrühren, bis die Gelatine sich aufgelöst hat. Dann die Creme durch ein Sieb in eine Schüssel gießen.
Das passierte Brombeerpüree unter die Creme rühren, ggf. kurz mit dem Stabmixer durchmixen, damit die Masse schön glatt und fein ist. Die Brombeercreme in den Kühlschrank stellen. Dort soll sie nun erkalten und am Rand der Schüssel leicht fest werden. Das dauert etwa 1–2 Stunden.
Die Sahne leicht steif schlagen und unter die abgekühlte Creme heben – zunächst nur eine kleine Menge, die Sie kräftig unterrühren, damit Sie eine homogene Masse erhalten. Danach können Sie die restliche Sahne behutsam unterheben.

Die Puddingcreme in eine geeignete Form gießen, die Sie vorher mit kaltem Wasser ausgespült haben. Für mindestens 6 Stunden, besser aber über Nacht in den Kühlschrank stellen, bis die Creme fest geworden ist. Anschließend den Pudding aus der Form stürzen. Die Anleitung dafür finden Sie auf den Seiten 34–37.

Zuletzt den Pudding mit frischen Brombeeren und Brombeerblättern oder Waldsauerklee garnieren.

GARNITUREN UND DEKORATION FÜR DEN BROMBEERPUDDING

- frische Brombeeren + Brombeerblätter und Sahnehäubchen
- Brombeersauce (siehe Seite 153) + frische Brombeeren und Waldsauerklee
- gebackene Aprikosen mit Pistazien (siehe Seite 145) + Sahnehäubchen

ROTER GELEEKRANZ

Es gibt Cremepuddings mit Fruchtsauce, und es gibt Geleekränze mit Vanillesauce. Daher nenne ich die Letztgenannten „verkehrte Puddings". Viel zu selten werden sie heute noch serviert, auch wenn viele Menschen, vor allem die kleineren, sie lieben. Sie wackeln und zittern so herrlich, und es geht doch nichts darüber, eine Portion Gelee zwischen den Schneidezähnen durchzudrücken. Jetzt ist es raus. Mein Vater erzählt, wie er einmal einen roten Geleekranz mit Vanillesauce zu seiner Konfirmation bestellte. Dieser hier ist also für Dich, Vater. Ich verwende einen guten gekauften Fruchtsaft, aber wenn Sie selbst gemachten Saft haben, sollten Sie natürlich den nehmen!

1,5 Liter/8–10 Personen

GELEESAFT

8 Blatt Gelatine
500 ml guter, nicht verdünnter Himbeersaft
300 ml Wasser
700 g gemischte rote Beeren (Himbeeren, Erdbeeren, Johannisbeeren und Kirschen)

Die Gelatine in einer Schüssel mit kaltem Wasser 10 Minuten einweichen.
In einem Topf unter Rühren etwa 200 ml des Saftes erwärmen. Die Gelatine aus dem Wasser nehmen, gründlich ausdrücken und in den Saft geben. Umrühren, bis die Gelatine sich aufgelöst hat. Dann den restlichen Saft und das Wasser hinzufügen und gut mischen.
Die Beeren waschen und putzen und vorsichtig mit Küchenpapier trocken tupfen. Erdbeeren evtl. in Scheiben schneiden, Kirschen entsteinen.
Die Hälfte der Beeren in eine Kranzform oder Puddingform verteilen und etwa die Hälfte des Saftes angießen (bis er gerade die Beeren bedeckt). Dann die Form vorsichtig in den Kühlschrank stellen, bis das Gelee anfängt fest zu werden. Das dauert 1–2 Stunden. Den restlichen Geleesaft währenddessen zur Seite stellen.
Die Form herausnehmen und die übrigen Beeren auf dem Gelee verteilen. Wieder mit Saft angießen, bis sie gerade bedeckt sind, und die Form vorsichtig für 4–6 Stunden,

besser aber über Nacht in den Kühlschrank stellen, bis das Gelee ganz fest geworden ist.

Das Gelee auf die gleiche Weise aus der Form stürzen wie einen Pudding (siehe Seite 34–37).

Das glänzende rote Gelee ist eigentlich hübsch genug, aber Sie können es mit frischen Holunderblüten, Zitronenmelisse, Geranium oder Minze garnieren.
Für einen „verkehrten“ Pudding reichen Sie Vanillesauce oder Eiercreme dazu.

GARNITUREN UND DEKORATION FÜR DEN ROTEN GELEEKRANZ

- Vanillesauce (siehe Seite 147) + rosa Rosen, Nelken oder Pfingstrosen (siehe wichtige Info auf Seite 33)
- Eiercreme (siehe Seite 154) + Geranien, Minze oder Zitronenmelisse
- Sahnehäubchen + Fliederblüten

ROH GERÜHRTES RHABARBERGELEE

Es klingt vielleicht speziell, aber ich verspreche Ihnen, dieses hellrote Dessert schmeckt wunderbar. Meine Großmutter hat „rohen" Rhabarbersaft aus einem Kaltauszug hergestellt, ähnlich wie man bei Holunderblütensaft verfährt. Und diesen Saft verwandle ich in ein wackelndes Dessert. Der Saft muss einen Tag ziehen, bevor man ihn abseihen und gelieren kann. Dafür schmeckt er viel besser als ein gekochter oder gekaufter Saft. Rhabarber schmeckt sehr unterschiedlich, probieren Sie also den Saft. Vielleicht benötigt er etwas mehr Zucker oder muss verdünnt werden, bevor er zu Gelee verarbeitet wird.

1–1,5 Liter/6–10 Personen

GELEESAFT

1 kg Rhabarber
20 g Weinsäure
900 ml kochendes Wasser
300 g Zucker (oder mehr, wenn Sie den Saft süßer mögen)
10–15 Blatt Gelatine (1 Blatt pro 100 ml Saft)

Den Rhabarber säubern und fein schneiden. Zusammen mit der Weinsäure in eine große Schüssel geben. Mit kochendem Wasser übergießen und abkühlen lassen, bevor Sie ihn mit Klarsichtfolie abdecken und in den Kühlschrank stellen. Den Rhabarbersaft 1 Tag ziehen lassen.

Dann durch ein sehr feinmaschiges Sieb abseihen und den Rhabarber wegwerfen. Den Zucker in den kalten Saft einrühren. Abschmecken, vielleicht ist etwas mehr Zucker notwendig als angegeben.

Den Saft abmessen und die benötigte Anzahl Gelatineblätter abzählen: 1 Blatt pro 100 ml Saft.

Die Gelatine in einer Schüssel mit kaltem Wasser 10 Minuten einweichen.

Etwa 200 ml Saft in einem Topf unter Rühren erwärmen. Die Gelatine aus dem Wasser nehmen, gründlich ausdrücken und zum Saft geben. Umrühren, bis die Gelatine sich aufgelöst hat. Dann den restlichen Saft hinzufügen und den Topf schwenken, damit sich die beiden Säfte vermischen. Den Rhabarbersaft in eine Kranzform oder Puddingform gießen und vorsichtig für 4–6 Stunden, besser aber über Nacht in den Kühlschrank stellen, bis das Gelee fest ist.

Das Gelee genau wie einen Pudding aus der Form stürzen (siehe Seite 34–37).

Das hinreißend hübsche Gelee mit gezuckerten Erdbeeren und kalter Vanillesauce servieren.

Tipp

Möchten Sie das Rhabarbergelee leicht aromatisieren, fügen Sie zusammen mit der Weinsäure 3 Rosengeranien-Blätter (siehe Tipps auf Seite 33 und 74) oder eine kleine Handvoll Waldmeister hinzu, wenn Sie den Saft zubereiten.

GARNITUREN UND DEKORATION FÜR DAS ROH GERÜHRTE RHABARBERGELEE

- Vanillesauce (siehe Seite 147) + gezuckerte Erdbeeren
- Eiercreme (siehe Seite 154) + frische Erdbeeren und Rosen
- gebackener Rhabarber mit Erdbeeren (siehe Seite 146) + Sahnehäubchen

MITTSOMMER-GELEE *mit* HOLUNDERBLÜTEN UND ERDBEEREN

Wenn der Holunder um Mittsommer herum blüht und die ersten Erdbeeren reif sind, ist dieses Gelee ein tolles und einfaches Dessert. Doch es ist immer nur so gut wie der Holunderblütensirup, den Sie verwenden. Und am besten wird es mit selbst gemachtem Sirup. Da Holunderblütensirup sehr unterschiedlich schmecken kann, ist es unter Umständen nötig, die Wasser- und Zitronensaftmenge zu erhöhen oder zu reduzieren. Falls Sie eine andere Menge als die im Rezept beschriebene nehmen, denken Sie daran, 1 Blatt Gelatine pro 100 ml Flüssigkeit zu verwenden.

1,5 Liter/8–10 Personen

GELEESAFT

8 Blatt Gelatine
500 ml guter, nicht verdünnter Holundersirup
250 ml Wasser
Saft von 1 Zitrone
700 g Erdbeeren

Die Gelatine in einer Schüssel mit kaltem Wasser 10 Minuten einweichen.
Unter Rühren 200 ml Holunderblütensirup in einem Topf erwärmen. Die Gelatine aus dem Wasser nehmen, gründlich ausdrücken und zum Sirup geben. Umrühren, bis die Gelatine sich aufgelöst hat. Dann den restlichen Sirup und das Wasser hinzufügen und gut vermischen. Die Zitrone auspressen und den Saft durch ein Sieb zur Holunderblütenmischung geben.
Die Beeren waschen, putzen und vorsichtig mit Küchenpapier trocken tupfen. Die Hälfte der Beeren in eine Kranzform oder Puddingform füllen und etwa die Hälfte der Holunderblütenmischung dazugießen (bis die Beeren gerade bedeckt sind). Die Form vorsichtig für 1–2 Stunden in den Kühlschrank stellen, bis das Gelee beginnt fest zu werden. Den restlichen Saft zur Seite stellen.

Die Form herausnehmen und die übrigen Beeren auf dem Gelee verteilen. Wieder mit Saft begießen, bis sie gerade bedeckt sind, und die Form erneut vorsichtig für 4–6 Stunden, besser über Nacht in den Kühlschrank stellen.

Das Gelee genauso wie einen Pudding aus der Form stürzen (siehe Seite 34–37).

Für einen „verkehrten“ Pudding reichen Sie Vanillesauce oder Eiercreme dazu.

GARNITUREN UND DEKORATION FÜR DAS MITTSOMMER-GELEE *mit* HOLUNDERBLÜTEN UND ERDBEEREN

- Vanillesauce (siehe Seite 147) + kleine Erdbeeren
- Eiercreme (siehe Seite 154) + frische Holunderblüten

GRAPEFRUITGELEE *mit* KONDENSMILCH UND KARDAMOM

Ein verkehrter Pudding schmeckt nicht nur im Sommer gut, wenn es Unmengen an Beeren gibt. Im Winter ist ein leichtes Dessert, das auf dem Teller hin- und herwackelt, auch toll. Darum dieses Pink-Grapefruit-Gelee, das auf einem Fundament aus süßer, mit Kardamom gewürzter Kondensmilch ruht. Sie können das Geleedessert servieren, wie es ist. Noch besser wird es durch eine warme Vanillesauce als weiteres cremiges Element, der neben der Vanille auch ein paar Kardamomkapseln gut stehen würden. Oder Sie lassen die Kondensmilchschicht weg und verdoppeln stattdessen die Portion dieses fantastischen Pink-Grapefruit-Gelees!

1,2 Liter/6–8 Personen

GRAPEFRUITGELEE

9 Blatt Gelatine

500 ml Grapefruitsaft (von ca. 4 Pink Grapefruits)

110 g Zucker

MILCHGELEE

6 Blatt Gelatine

1 Dose Kondensmilch (ca. 400 g)

400 ml Vollmilch

15 grüne Kardamomkapseln

Die Gelatine für das Grapefruit-Gelee in einer Schüssel mit kaltem Wasser 10 Minuten einweichen.

Den Saft der Grapefruits auspressen, abseihen und 500 ml abmessen. Wenn Sie zu wenig Saft haben, verdünnen Sie ihn mit etwas Wasser.

Etwa 200 ml Saft mit dem Zucker erwärmen, bis dieser sich auflöst. Die Gelatine aus dem Wasser nehmen, ausdrücken und zum Saft geben. Umrühren, bis die Gelatine sich

aufgelöst hat. Den kalten Grapefruitsaft zum heißen geben und die Mischung durchrühren.
Den Saft in eine geeignete Form gießen und für 2–3 Stunden in den Kühlschrank stellen, bis das Gelee leicht fest, aber immer noch weich ist.
Jetzt bereiten Sie das Milchgelee zu. Die Gelatine in einer Schüssel mit kaltem Wasser einweichen. Die Kondensmilch und die Vollmilch in einem kleinen Topf mischen, die Kardamomkapseln hinzufügen und die Milch bei schwacher Hitze bis kurz vor den Siedepunkt erhitzen, dabei ständig rühren, weil die Kondensmilch leicht anbrennt. Die Milch vom Herd nehmen und 10 Minuten ziehen lassen. Dann erneut kurz erwärmen und die ausgedrückte Gelatine hinzufügen. Die Mischung durch ein Sieb in eine Schüssel gießen und zum Abkühlen zur Seite stellen, bevor Sie sie in den Kühlschrank stellen, wo sie erkaltet, bis sie am Rand der Schüssel zu gelieren beginnt.

Die Mischung mit einem Esslöffel auf das Grapefruit-Gelee löffeln und die Form für 4–6 Stunden, besser noch über Nacht in den Kühlschrank stellen. Das Gelee genau wie einen Pudding aus der Form stürzen (siehe Seite 34–37).

Solo oder mit Vanillesauce und evtl. einem frischen Orangen- oder Grapefruitsalat servieren.

GARNITUREN UND DEKORATION FÜR DAS GRAPEFRUITGELEE *mit* KONDENSMILCH UND KARDAMOM

- Vanillesauce (siehe Seite 147) + Kardamomkapseln
- Orangensalat mit Orangenblüten und Kakaonibs (siehe Seite 152) + Sahnehäubchen
- Grapefruit-Salat (wie Orangensalat, siehe Seite 152) + weiße Rosen, Nelken oder Pfingstrosen (siehe wichtige Infos auf Seite 33)

PUDDING-GARNITUREN

BANANEN-PASSIONSFRUCHT-KOMPOTT

Manchmal braucht es Säure als Kontrast zum Fett und zur Cremigkeit der Sahne. Daher serviere ich ein Bananen-Passionsfrucht-Kompott, weil tropische Aromen besonders gut zu Schokoladenpudding, Rumpudding und natürlich dem Sago-Pudding mit Kokos passen. Es ist wichtig, reife Bananen zu verwenden, denn wenn sie nicht reif sind, hinterlassen sie, wenn sie erhitzt werden, dieses widerliche Gefühl im Mund, bei dem sich alles zusammenzieht. Braune Exemplare sind also gerne gesehen!

Ca. 400 ml/6–8 Personen

4 Passionsfrüchte
3 reife Bananen
Saft von 1 Orange
75 g Zucker

Das Fruchtfleisch aus den Passionsfrüchten löffeln und in einen kleinen Topf geben. Eine der Bananen auf einem Teller zerdrücken und das Mus zusammen mit dem Orangensaft und dem Zucker zum Passionsfruchtfleisch geben. Das Kompott aufkochen und 5 Minuten köcheln lassen.
Die beiden anderen Bananen in kleine Würfel schneiden, zum Kompott geben und ein paar Minuten mitköcheln lassen. Abschmecken und nach Bedarf noch mehr Zucker oder Orangensaft hinzufügen.
That's it. Das Kompott vor dem Servieren abkühlen lassen.

SALZKARAMELLSAUCE

Salzkaramellsauce ist zu einer Art Signatur bei vielen meiner Puddings geworden. Kinder und Erwachsene stehen gleichermaßen darauf. Sie funktioniert sowohl mit den schweren Schokoladen- und Karamellpuddings als auch mit den leichteren Frucht- und Vanillepuddings. Außerdem lässt sie sich ganz leicht herstellen. Ich habe im Fachhandel für Küchenzubehör eine kleine, weiche Plastikflasche gekauft, in der ich das Karamell aufbewahren und so leicht portionieren kann. Die Salzkaramellsauce hält sich nämlich prima im Kühlschrank und passt nicht nur zum Pudding, sondern auch zu Eis, Bananen-Hotdogs (Bananen mit Karamellsauce, Schokosauce und Kakaonibs), Pfannkuchen usw.

Ca. 400 ml/8–10 Personen

250 g Zucker
25 g Butter
300 ml Sahne
½ TL Meersalz

In einem Topf mit dickem Boden die Hälfte des Zuckers zu goldgelbem Karamell schmelzen. Die Butter hinzufügen und in das Karamell einrühren. Achtung: Das spritzt! Dann die Sahne nach und nach unterrühren. Vielleicht bilden sich kleine Klumpen, diese verschwinden aber beim Kochen. Dann die zweite Hälfte des Zuckers zugeben und die Sauce kochen, bis der Zucker und eventuelle Karamellklumpen geschmolzen sind.
Wenn die Sauce zu dick wirkt, etwas mehr Sahne hinzufügen.
Mit Meersalz abschmecken. (Verbrennen Sie sich nicht die Zunge, die Sauce ist heiß!)
Das Karamell vor dem Servieren bei Zimmertemperatur abkühlen lassen. Im Kühlschrank aufbewahrt, hält sich die Karamellsauce etwa eine Woche.

KIRSCHSAUCE

Ich liebe diese Kirschsauce. Sie wurde mit Amaretto gekocht, der wie eine sehr leckere Mandelessenz wirkt und das Mandelaroma der Kirschen fein betont. Ja, Sie lesen richtig: Ich koche den Amaretto mit! Es geht mir nämlich nicht um den Alkohol, sondern um das Aroma, das ich der Sauce verleihen will. Die Kirschsauce ist relativ dünn. Wenn Sie sie etwas fester mögen, fügen Sie etwas mehr Stärke hinzu.

Ca. 800 ml/10–12 Personen

500 g entsteinte Kirschen, frisch oder tiefgekühlt
125 g Zucker
1 Vanilleschote
100 ml Amaretto
100 ml Wasser
2 EL Maizena-Stärke

Die Kirschen, den Zucker, die aufgeschnittene Vanilleschote, das ausgekratzte Mark, den Amaretto und das Wasser in einen Topf geben. Wenn Sie tiefgekühlte Kirschen verwenden, geben Sie diese zunächst zusammen mit dem Zucker in einen Topf und lassen Sie sie stehen, bis sie entsaften und auftauen, bevor Sie die restlichen Zutaten – bis auf die Stärke – hinzufügen.

Den Topfinhalt aufkochen und die Kirschen 10–15 Minuten köcheln lassen.

Die Stärke mit etwas kaltem Wasser verrühren und die Mischung unter Rühren zu den Kirschen geben, bis die Sauce eindickt. Ein paar Minuten einkochen lassen.

Vor dem Servieren abkühlen lassen.

IN ROSENWASSER GESCHWENKTE HIMBEEREN

Himbeeren in allen Formen passen gut zu Pudding, da sie über genug Säure und Aroma verfügen, um einen Kontrast zur Sahnecreme zu bilden. Hier wurden die frischen Beeren gezuckert und mit Rosenwasser beträufelt: ein ganz einfaches „rohes“ Kompott.

4–6 Personen

500 g frische Himbeeren

50–75 g Zucker

2 EL Rosenwasser

Die Himbeeren waschen und kurz zum Abtropfen auf ein Stück Küchenpapier legen. Dann die Beeren in eine Schüssel geben und vorsichtig mit dem Zucker und dem Rosenwasser vermengen. Ziehen lassen, bis die Beeren entsaften, und am gleichen Tag servieren.

GEBACKENE APRIKOSEN MIT PISTAZIEN

Wenn der Gemüsehändler duftende, rotbackige französische Aprikosen hat, kann ich mich nicht beherrschen. Kaum etwas ist so sommerlich, und sind die Aprikosen reif und aromatisch, brauchen sie nur eine Runde mit Zucker im Ofen, und schon haben Sie eine sehr leckere Puddinggarnitur. Ein wenig Amaretto schadet bestimmt nicht. Haben Sie den nicht im Haus, sollten Sie zusehen, dass Sie ihn besorgen. In der Zwischenzeit können Sie stattdessen etwas Orangensaft über die Aprikosen träufeln.

6–8 Personen

300 g reife Aprikosen (ca. 10 Stück)

50 g Zucker

eventuell 3–4 EL Amaretto

3 EL geschälte, ungesalzene Pistazien

Den Ofen auf 200 °C vorheizen. Die Aprikosen halbieren und entsteinen. Dann mit der gewölbten Seite nach unten in eine feuerfeste Form legen und mit dem Zucker bestreuen. Mit Amaretto beträufeln und die Form für ca. 45 Minuten in den Ofen stellen, bis die Aprikosen weich sind. Die gebackenen Aprikosen mit Pistazien bestreuen und warm oder bei Zimmertemperatur servieren.

GEBACKENER RHABARBER MIT ERDBEEREN

Wenn Sie den Rhabarber backen, statt ihn zu kochen, bekommen Sie ganz weiche Rhabarberstücke in einem feinen, hellroten Sirup anstelle eines faserigen Kompotts (was auch lecker sein kann). Nach dem Abkühlen ist der Rhabarbersirup wie geschaffen, um Erdbeeren entweder solo oder zusammen mit den Rhabarberstücken zu marinieren. Statt der Vanille können Sie 3–4 Rosengeranienblätter zwischen die gezuckerten Rhabarberstücke legen und mitbacken, das sorgt für ein feines Aroma.

Ca. 600–700 ml/8–10 Personen

350 g Rhabarber (Nettogewicht nach dem Putzen)
80 g Zucker
1 Vanilleschote oder 3–4 Rosengeranienblätter
250 g Erdbeeren

Den Ofen auf 200 °C vorheizen. Den Rhabarber in kleinere Stücke schneiden, in eine feuerfeste Form füllen und mit Zucker bestreuen, dabei 1 EL aufheben. Die Vanilleschote längs halbieren, das Mark herauskratzen und im restlichen Zucker mit der flachen Seite eines Messers zerdrücken. Den Vanillezucker und die Vanilleschote in die Form geben und alles vermengen.

Die Form mit dem Rhabarber für ca. 15 Minuten in den Ofen geben, dabei zwischendurch einmal vorsichtig umrühren. Die Form aus dem Ofen nehmen und den Rhabarber und den Rhabarbersaft bei Zimmertemperatur abkühlen lassen.

Die Erdbeeren putzen und in Scheiben schneiden. Mit dem Rhabarber und dem Saft vermengen und die Mischung vor dem Servieren 1 Stunde bei Zimmertemperatur ziehen lassen.

VANILLESAUCE

Schon der Name klingt lecker und ein wenig altmodisch ... Wenn ich Vanillesauce zubereite, bin ich auf das aus, was auf Küchenfranzösisch eine Crème anglaise ist: eine legierte Creme, welche die Grundlage für die meisten Puddingrezepte in diesem Buch bildet. Wenn Sie also einige davon ausprobiert haben, sind Sie schon bestens trainiert! Die Vanillesauce können Sie warm oder kalt servieren, sie passt am besten zu Fruchtgelees.

Ca. 500 ml/6–8 Personen
150 ml Sahne
200 ml Vollmilch
80 g Zucker
1 Vanilleschote
4 Eigelb

Die Sahne, die Milch und ein paar EL des Zuckers mit dem ausgekratzten Vanillemark und der Vanilleschote in einen Topf mit dickem Boden geben und bei schwacher Hitze bis kurz vor den Siedepunkt erwärmen. Dann den Topf vom Herd nehmen und die Vanille in der Milchsahne zugedeckt 10–15 Minuten ziehen lassen.
Die Eigelbe und den restlichen Zucker in einer großen Schüssel leicht verquirlen.
Die mit Vanille aromatisierte Milchsahne erneut bis kurz vor den Siedepunkt erhitzen und unter kräftigem Rühren mit der Ei-Zucker-Mischung vermengen. Das Ganze zurück in den Topf gießen und die Mischung langsam bei niedriger Hitze unter Rühren mit einem Silikonschaber oder einem Kochlöffel erwärmen, bis sie eine Temperatur von etwa 83–85 °C erreicht hat. Sie darf NICHT kochen, sollte aber zu einer dünnen Creme reduziert werden (beobachten Sie, wann die Creme leicht am Silikonschaber hängenbleibt und nicht mehr heruntertropft, dann aufhören).
Die Vanillesauce sofort durch ein Sieb in eine Schüssel gießen, mit Klarsichtfolie direkt auf der Oberfläche abdecken und in den Kühlschrank stellen.
Die Vanillesauce warm oder kalt servieren.

BACKPFLAUMEN IN EARL GREY

Backpflaumen in einem Sirup aus schwarzem Tee mit diesem für Earl Grey so typischen Bergamotte-Aroma passen hervorragend zum Pudding. Vor allem Vanillepudding, Diplomatenpudding, Mandelpudding und Zitronenpudding fühlen sich mit in Tee getränkten Backpflaumen und dem Pflaumensirup wohl. Die Pflaumen sind sehr süß, daher reichen ein paar Pflaumen pro Person.

6–8 Personen

500 ml Wasser
15 g Earl-Grey-Tee (lose Blätter)
300 g Backpflaumen
1 Vanilleschote
Saft von 1 Zitrone
1 Streifen Schale von einer Bio-Zitrone
1 Streifen Schale von einer Bio-Orange
75 g Zucker

Aus 500 ml kochendem Wasser und 15 g Earl-Grey-Blättern einen starken Tee kochen und ziehen lassen, bis er lauwarm ist. Den Tee über die Backpflaumen gießen und diese darin 1 ½ Stunden ziehen lassen.
Die Pflaumen und den Tee zusammen mit der aufgeschnittenen Vanilleschote und dem ausgekratzten Vanillemark, dem Zitronensaft, der Zitronenschale, der Orangenschale und dem Zucker in einen Topf mit dickem Boden geben und langsam 15–20 Minuten köcheln lassen.
Mit einem Schöpflöffel die Pflaumen herausfischen und den Sud zu einem dünnen Sirup einkochen. Die Pflaumen mit dem Sirup vermengen und bei Zimmertemperatur servieren.

APFELKOMPOTT

Ein ganz klassisches Apfelkompott, das zum Pudding genauso gut passt wie zu Apfelkuchen, Apfel-Trifle oder einfach pur mit einem Schuss Milch. Ich koche das Kompott immer aus meinen Lieblingsäpfeln (Ingrid Marie und Filippa) und verwende entweder nur eine Sorte oder eine Mischung aus zwei verschiedenen Sorten, die beide sehr säuerlich sind und sehr aromatisch schmecken.

Ca. 500–600 ml/6–8 Personen

1 kg säuerliche, aromatische Äpfel
50 ml Wasser
1 Vanilleschote
75–125 g Zucker

Die Äpfel schälen und vom Kerngehäuse befreien. In grobe Stücke schneiden und mit dem Wasser in einen Topf mit dickem Boden geben. Die Vanilleschote längs halbieren, das Mark herauskratzen und in einer kleinen Menge des Zuckers mit der flachen Seite eines Messers zerdrücken, sodass die Körner sich trennen, dann die Vanilleschote und das gezuckerte Mark in den Topf geben. Zudecken und die Äpfel im Topf weich dämpfen. Gegebenenfalls zwischendurch etwas mehr Wasser hinzufügen.
Den Zucker in das Kompott einrühren (nach Geschmack und Säure der Äpfel) und das Kompott mit einem Schneebesen glattrühren. Lauwarm oder abgekühlt servieren.

GEZUCKERTE JOHANNISBEEREN

Gezuckerte Johannisbeeren sind die einfachste Beilage zu Cremedesserts. Waschen, entrispen, in Zucker wenden, leicht zerdrücken und servieren! Die gezuckerten Johannisbeeren passen zu allen klassischen Puddings: Vanille-, Mandel-, Vollmilch- und Rumpudding (Letzterer ohne Apfelboden); aber auch zum weißen Schokoladenpudding mit Jasmintee machen sich die säuerlichen Beeren gut.

6–8 Personen

500 g Johannisbeeren
200 g Zucker

Johannisbeeren waschen und entrispen. Zusammen mit dem Zucker in eine Schüssel geben und mit der Rückseite eines Löffels leicht zerdrücken, sodass ein paar Beeren aufplatzen. Umrühren, bis der Zucker sich auflöst, dann vor dem Servieren kurz bei Zimmertemperatur ziehen lassen.
Am gleichen Tag verzehren.

SCHOKOSAUCE

Dieses Rezept stammt von der französischen Schokoladenfirma Valrhona. Die Schokosauce hat eine angenehm dicke Konsistenz und aufgrund des Sirups eine Karamellnote. Wenn Sie den Sirupgeschmack nicht mögen, können Sie auch eine ganz einfache Sauce aus Schokolade und reiner Sahne anstelle der Vollmilch zubereiten.

Ca. 600 ml/10–12 Personen

250 g dunkle Schokolade, z. B. Valrhona Caraïbe 66 % oder Manjari 64 %
200 ml Vollmilch
100 ml Sahne
80 g heller Sirup (ca. 6 EL)

Die Schokolade fein hacken und in eine hitzebeständige Schüssel füllen. In einem kleinen Topf mit dickem Boden die Milch, die Sahne und den Sirup aufkochen und die Mischung langsam in die Schokolade einrühren. Dann die Schokolade und die Milchsahne ½ Minute stehen lassen, damit sie sich verbinden. Anschließend die Mischung mit einem Silikonschaber oder Kochlöffel umrühren, bis die Schokolade geschmolzen ist. Zuletzt die Schokosauce kurz mit dem Stabmixer pürieren. Die Schokosauce lauwarm servieren. Wenn sich nicht die ganze Schokolade in der Milchsahne schmelzen lässt, können Sie die Mischung immer wieder vorsichtig unter Rühren in einem Topf oder Wasserbad erwärmen.

STACHELBEERSAUCE

Oh, Stachelbeeren! Sie schmecken beinahe exotisch, diese kleinen haarigen Beeren, und machen sich so fantastisch in einer Sauce zum Pudding. In dieser Version wurden sie ganz einfach mit Zucker, Wasser und Vanille gekocht, Sie können sie aber auch in reinem, unverdünntem Holunderblütensirup weichkochen.

Ca. 700 ml/8–12 Personen

500 g Stachelbeeren
100 g Zucker
1 Vanilleschote
150 ml Wasser
evtl. 2 EL Maizena-Stärke

Die Stachelbeeren waschen und mit dem Zucker, der aufgeschnittenen Vanilleschote, dem ausgekratzten Vanillemark und dem Wasser in einen Topf geben. Etwa 15 Minuten langsam köcheln lassen, bis ein paar Beeren platzen. Mit Zucker abschmecken, ggf. die Menge erhöhen. Nach Geschmack die Sauce abbinden. Dafür die Stärke mit etwas kaltem Wasser verrühren, die Mischung unter Rühren zur Sauce geben und ein paar Minuten durchkochen. Vor dem Servieren die Sauce abkühlen lassen.

ORANGENSALAT MIT ORANGENBLÜTEN UND KAKAONIBS

Manchmal braucht es etwas Frisches zur fettigen Sahne, dann ist dieser Orangensalat genau das Richtige. Er ist lecker und einfach, passt zum Kakao- und Schokoladenpudding, kann aber genauso zum Mandelpudding, Vanillepudding und Zitronenpudding serviert werden. Und wenn etwas übrigbleibt, schmeckt er auch solo mit einem Klecks geschlagener Sahne gut.

6–8 Personen

6 Orangen

30 g Zucker

3 EL Orangenblütenwasser

3 EL Kakaonibs

Mit einem scharfen Messer die Orangen schälen, dabei auch alle weißen Häute entfernen. Die Orangen quer in Scheiben schneiden und diese hübsch auf einem großen Teller anrichten. Mit Zucker bestreuen, mit Orangenblütenwasser beträufeln und vor dem Servieren bei Zimmertemperatur ziehen lassen.

Mit Kakaonibs bestreuen, kurz bevor der Teller auf den Tisch kommt.

Tipp

Kakaonibs sind kleine Stücke von gerösteten Kakaobohnen. Es gibt sie im gut sortierten Supermarkt.

BROMBEERSAUCE

Eine ganz einfache Beerensauce, abgeschmeckt mit etwas Zitrone, damit die Brombeeren nicht zu fade schmecken. Für eine noch speziellere Note können Sie mit den Beeren ein paar ganze Sternanisfrüchte kochen. Die Sauce kann auch aus Himbeeren zubereitet werden, dann sollten Sie aber den Zitronensaft weglassen.

Ca. 700 ml/8–12 Personen

500 g Brombeeren
100–125 g Zucker
50 ml Wasser
Saft von 1 Zitrone
evtl. 1 ½–2 EL Maizena-Stärke

Die Beeren waschen und mit dem Zucker in einen Topf geben. Etwas Zucker zum Abschmecken aufheben. Das Wasser und den Zitronensaft hinzufügen und die Beeren 5–10 Minuten langsam köcheln lassen.
Nach Bedarf mit Zucker abschmecken. Jetzt können Sie die Sauce mit etwas in kaltem Wasser aufgelöster Stärke binden. Dann muss die Sauce jedoch noch weitere 2 Minuten gekocht werden.
Die Brombeersauce lauwarm oder kalt servieren.

EIERCREME

Eiercreme – so altmodisch und doch so lecker zu allen Obstdesserts und natürlich Fruchtgelees. Eine Portion wabbeliges Himbeer- oder Rhabarbergelee mit Eiercreme ist ein ganz einfaches Dessert, das man viel zu selten isst. Diese Portion ist groß genug für 8–10 Personen, sie passt also zu der Größe der Gelees oder „verkehrten" Puddings.

Ca. 600 ml/8–10 Personen

6 Eigelb

130 g Zucker

1 Vanilleschote

500 ml Schlagsahne

Die Eigelbe mit dem Zucker und dem ausgekratzten Vanillemark weiß und cremig schlagen. In einer anderen Schüssel die Sahne steif schlagen und unter die Eimischung heben. Die Eiercreme am gleichen Tag servieren.

KOMPOTT AUS SCHWARZEN JOHANNISBEEREN MIT RUM

Schwarze Johannisbeeren haben ein intensives, ganz spezielles Aroma, das für Kinder vielleicht gewöhnungsbedürftig, für Erwachsene aber ganz wunderbar ist. Das starke Aroma ist auch der Grund, warum wir zum Kochen des Kompotts etwas Wasser benötigen. Und sehr gerne Rum! Es ist nicht der Alkohol, sondern die dunkle Karamellnote, die ich in Kombination mit den Johannisbeeren gerne mag. Wenn Sie die Alkoholnote mögen, schmecken Sie erst nach dem Kochen mit Rum ab.

Ca. 900 ml/10–12 Personen

500 g schwarze Johannisbeeren

250 g Zucker

200 ml Wasser

25–50 ml dunkler Rum

Die Beeren waschen, entrispen und mit dem Zucker, dem Wasser und dem Rum in einen Topf geben. Vorsichtig 15–25 Minuten kochen, bis die Beeren platzen und die Konsistenz dick und kompottartig wird. Das Kompott dickt noch weiter ein, wenn es abkühlt.
Kalt, lauwarm oder bei Zimmertemperatur servieren.

SAFTSAUCE

In allen alten Kochbüchern, die etwas auf sich halten und 2–3 Puddingrezepte beschreiben, spielt Saftsauce als Beilage zu den wabbeligen Cremedesserts eine wichtige Rolle. Und so eine glatte, rote Sauce ist auch heute immer noch lecker und kinderfreundlich. Sie können die Sauce aus allen möglichen roten Saftsorten zubereiten, doch diese müssen von guter Qualität und säuerlich sein. Am besten wäre natürlich ein selbst gemachter Saft.

Ca. 400–500 ml/4–6 Personen

½ EL Kartoffelmehl
200–300 ml Wasser
200 ml unverdünnter Johannisbeer- oder Himbeersaft

In einer kleinen Schüssel das Kartoffelmehl in eine kleine Menge des Wassers einrühren.
Den Saft und das restliche Wasser in einen Topf geben. Schmecken Sie immer wieder ab, bis zum genauen Mischungsverhältnis, das von der Stärke des Saftes abhängt. Er sollte nach etwas schmecken, ohne zu stark zu sein.
Den Saft zum Kochen bringen und dann den Topf vom Herd nehmen. Die Kartoffelmehlmischung unter Rühren hinzufügen und dann rühren, bis die Sauce klar und glänzend ist und eine angenehme Konsistenz hat.
Die Saftsauce lauwarm oder bei Zimmertemperatur servieren.

REGISTER

VERLAGSGRUPPE PATMOS

PATMOS
ESCHBACH
GRÜNEWALD
THORBECKE
SCHWABEN

Die Verlagsgruppe
mit Sinn für das Leben

Danke an Mika Wulff für ihre Unterstützung und das Ausprobieren der Rezepte.

Danke für die Leihgabe der Requisiten an Ditte Ingemann, Line Thit Klein, Tanja Vibe und Julie Bonde Bück/ Uh la la Ceramics.

www.thorbecke.de

Fotos: Line Thit Klein und Chris Tonnesen

Regie und Styling: Marie Holm

Umschlaggestaltung: Finken & Bumiller, Stuttgart

Gedruckt in Polen

ISBN 978-3-7995-1105-6 (Print)

ISBN 978-3-7995-1114-8 (eBook)